道徳的判断力を育む授業づくり

多面的・多角的な教材の読み方と発問

Developing Reasoning and Decision-Making Skills in Moral Education

髙宮正貴・杉本遼　著

北大路書房

道徳授業に，
こんな疑問をもっている先生はいませんか？

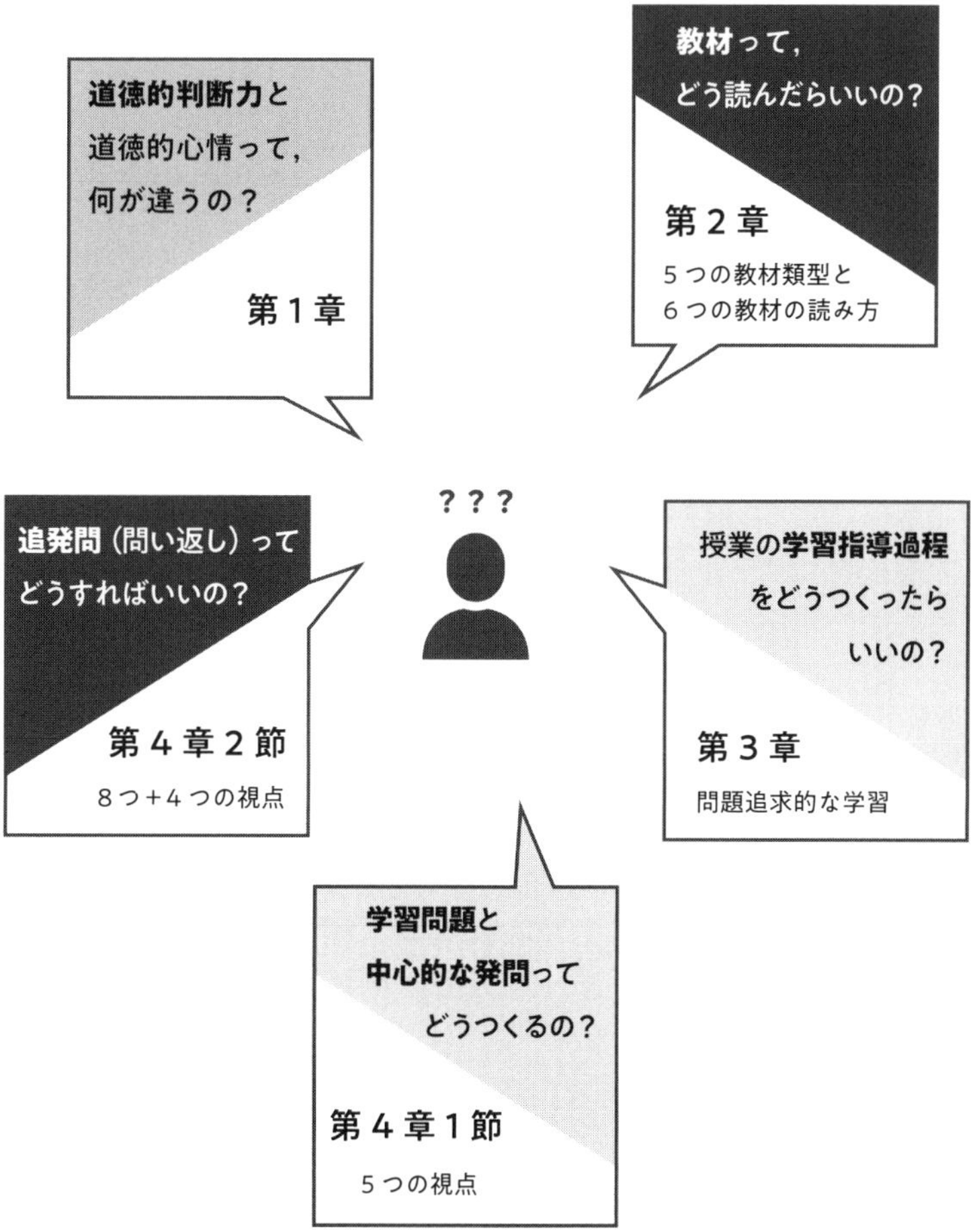

道徳的判断力と
道徳的心情って，
何が違うの？
第１章
教材って，
どう読んだらいいの？
第２章
５つの教材類型と
６つの教材の読み方
？？？
追発問（問い返し）って
どうすればいいの？
第４章２節
８つ＋４つの視点
授業の学習指導過程
をどうつくったら
いいの？
第３章
問題追求的な学習
学習問題と
中心的な発問って
どうつくるの？
第４章１節
５つの視点

はじめに：道徳的判断力を育むために

1　道徳的判断力を育む授業づくり

教科化した道徳科（特別の教科 道徳）の目標では、道徳的な判断力、心情、実践意欲と態度という4つの道徳性の諸様相のうち、道徳的判断力が最初に記載されるようになりました。4つの諸様相に序列はないというのが文部科学省の公式見解です。しかし、道徳的判断力が最初に置かれたことで、これまでのおもに道徳的心情を養うための授業に対して、道徳的判断力を育むための道徳授業がこれまで以上にめざされるようになったことが示されていると理解することができるでしょう。

とはいえ、**道徳的判断力を育む道徳授業づくり**をどのようにしたらよいのかを明示的に説明した本はまだありません。そこで本書は、前著『価値観を広げる道徳授業づくり』（髙宮 2020）で提示した「理想主義」の授業観に基づき、道徳的判断力を育む授業づくりの方法を解説することにします。なお、本書において、道徳的判断力とは、（1）**価値理解**（**道徳的価値の意味、成立条件、理由、効用・目的についての理解**）をもとに、（2）どんな**対象**について、**だれ**に対して、どんな**方法**で、どんな**時**に、その価値理解をもとにした行為を実践すべきかを判断するための知性的な力（**思慮深さ**）、と定義します。

前著の強調点は、道徳教育・道徳科の正当化の問題や、包括的な道徳授業理論の構築にありました。道徳教育や道徳教育で指導する道徳的諸価値の正当化の問題については課題も残っていますが、本書では扱いません。[1] 本書は、前著で提示した「理想主義」の授業観（本書の第2章2節では、さらに細かく「理想主義②」と定義します）に基づく学習指導案を中心に置くことで、授業づくりの方法に焦点化します。「理想主義」と「現実主義」の区別などの理論的考察について知りたい方は、前著『価値観を広げる道徳授業づくり』をぜひご覧ください。

2　道徳的諸価値について多面的・多角的に考えるための「教材の読み方」

『学習指導要領』のなかで、道徳科の学習は、「道徳的諸価値の理解を基に、自己を見つめ、物事を（広い視野から※中学校）多面的・多角的に考え、自己の（人間としての※中学校）生き方について考える学習」と明記されています。

前著では、「多面的に考える」ことと「多角的に考える」ことを次のように定義しました。

> 多面的に考える：道徳的価値そのものがもつ**意味のさまざまな側面**を考える。
> 多角的に考える：ある道徳的価値や道徳的問題を考える**条件や観点の多様性**を考える。

先述した道徳的判断力の構成要素をふまえると、道徳的価値について「多面的に考える」ことと「多角的に考える」ことは、次のように再定義できるでしょう。

すなわち、「多面的に考える」とは、「道徳的価値そのものがもつ**意味、成立条件のさまざまな側面**を考える」ことであり、「多角的に考える」とは、「ある道徳的価値を行為に適用する際の**条件や観点（対象、相手、方法、時など）の多様性**を考える」ことであるとしましょう。この再定義からすれば、「道徳的諸価値の理解を基に」考える学習と、「物事を（広い視野から）多面的・多角的に考える」学習は本来切り離せないはずなのです。

「〇〇さんはどんな気持ち？」、「〇〇さんはどんな思いだっただろう？」と教材の登場人物の心情について問うだけでは（そうした発問が悪いわけではありませんが）、必ずしも「多面的・多角的に考える」ことにはなりません。児童生徒の多面的・多角的な思考を促すには、まずは**教師自身が教材に含まれている一定の道徳的価値の意味、成立条件などを把握し、それを引き出せるような発問を「仕掛ける」**べきです。誤解されている節がありますが、この「一定の道徳的価値の意味、成立条件」はあくまで「**目安**」であり、それを「引き出す」ことは、特定の「価値観の押しつけ」とは違います。このことについては本論の第2章で詳しく論じます。

教師自身が教材に含まれている一定の道徳的価値の意味、成立条件を深く把握しておかなければ、児童生徒が「多面的・多角的に考える」ことは不可能だといえるでしょう。このことは、心情追求型の授業、問題解決的な学習、哲学対話など、道徳科におけるどんな指導方法であっても同じといえるでしょう。ペアワークやグループワークで一見議論が白熱し、盛り上がっているようにみえても、「**這いまわる議論**」、つまりそれぞれがたんに勝手に自分の意見を言っているだけで、価値理解の深まりのない話し合いで終わってはいないでしょうか。「這いまわる議論」に終わらないためには、各グループで出た答えについて、もう一度児童生徒に賛否を問うてその理由を述べさせたり、児童生徒から出たさまざまな考え方を整理・分析させたりして価値理解を深めることで、道徳科における「深い学び」が可能になるのです。

では、このような「多面的・多角的に考える」道徳授業をつくるには、どうしたらよいのでしょうか。本書は、そのために「**価値分析**」に基づく6つの「**教材の読み方**」を提案します。具体的には上の6つの方法です（☞表0・1）。

本書では、この6つの「教材の読み方」をもとに定番教材を分析しながら、**道徳的価値について多面的・多角的に考えることによって、道徳的判断力を育む授業づくり**の方法を実践的に説明していきます。

表0・1　6つの教材の読み方

A：	道徳的価値の意味（内包・外延），成立条件を読み解く。
B：	複数の価値観の重みの違いを読み解く。
C：	道徳的価値の意義（理由，効用・目的）を読み解く。
D：	「人間理解」の視点で読み解く。
E：	教材で描かれている状況の条件を変える（条件変更）。
F：	個別の状況下（時処位）での価値理解の適用の是非・あり方を考える。

3　「読み取り道徳」を脱却するために

前著『価値観を広げる道徳授業づくり』では「発問リスト」を網羅的に示しました。しかし、むやみに多様な発問を取り入れるだけでは、議論が拡散してしまい、価値理解が深まる授業にならないかもしれません。重要なのは、どのような授業のねらいを設定し、そのねらいを達成するために**発問をいかに配置するのか**ということです。そのため、本書では前著では論じなかった6つの「教材の読み方」を詳しく論じます。そして、6つの「教材の読み方」をもとに、ど

表0・2 「読み取り道徳」を脱却するための発問の工夫

①児童生徒が主体的に考えられるような発問を工夫すること。
②教材の登場人物の心情理解にとどまらず，教材に含まれている道徳的価値そのものについて多面的・多角的に考えられる発問を工夫すること。

のように**発問づくり**をしたらよいのかを詳しく解説していきます。

中央教育審議会の「道徳に係る教育課程の改善等について（答申）」（２０１４（平成26）年10月21日）では，「読み物の登場人物の**心情理解のみに偏った**形式的な指導が行われる例があることや，発達の段階などを十分に踏まえず，児童生徒に**望ましいと思われる分かりきったことを言わせたり書かせたり**する授業になっている例があること」が指摘されました。前者の「心情理解のみに偏った」指導の問題点はふたつあると思います。

第一に，小学校低学年であればそのような心情理解中心の授業でも「**自我関与**」できますが，学年が上がるにつれて，だんだんと「**他人事**」に感じられてしまうことです。教材に描かれている問題を「他人事」と思ってしまっては真剣に考えられません。

第二に，登場人物の心情をただ追っていくだけでは，「いろんな気持ちがあったね」と，**多様な考え方が出るだけ**で授業が終わってしまうことです。道徳科も授業である以上，そこに「深い学び」がなければなりません。しかし，たんに多様な考え方が出るだけでは，「深い学び」とはいえません。道徳科における「深い学び」とは，少なくともひとつの側面として，**深い価値理解**だといえます。児童生徒の深い価値理解を促すためには，あらかじめ教師が多面的な価値理解を引き出せるように発問を工夫すべきでしょう（☞表０・２）。

このように，「読み取り道徳」を脱却するには，①児童生徒が主体的に考えられるような発問を工夫すること，②教材の登場人物の心情理解にとどまらず，教材に含まれている道徳的価値について多面的・多角的に考えられる発問を工夫すること、のふたつが必要です。前著では、どちらかといえば①を強調しました。つまり、児童生徒自身が「自己を見つめ」るために「**自我関与**」を促す指導方法（たとえば「あなただったら……?」という投影的発問）を強調しました。

一方、本書では、②の道徳的価値について多面的・多角的に考えるための指導方法を重視して解説します。とはいえ、一般的な価値理解を促すだけでは、道徳的価値についての知的で「観念的」な理解にとどまってしまう危険性があり、「自我関与」があってこそ「実感をともなった」価値理解が可能になります。また、読み物教材の登場人物は、児童生徒にとっては「第三者」にすぎません。人間は、第三者に対しては公平な評価ができても、「当事者」になると感情や欲望の抑制がむずかしいため、公平な行為ができるとは限りません（林 2019）。要するに、「わかっていても、できない」ことがあるのです。それゆえ、本書でも述べるように、「**自己を見つめる（自己への適用）**」発問によって、第三者としての**価値理解**と、当事者としての**価値判断**の「距離」をとらえさせる指導を意図的に行う必要があります。こうした実効性のある道徳授業を実現するためには、登場人物の心情や判断を問うだけでなく、「あなただったら?」という発問を適切に用いるべきでしょう（ただし、児童生徒が言いづらいと想定される場合、無理矢理言わせる必要はなく、自問自答させればよいでしょう）。このように、価値理解を深める指導と自我関与を促す指導は車の両輪であり、どちらも欠けてはなりません。

4 本書の概要

本論に入る前に、本書の概要を示しておきましょう。

第1章では、道徳的判断力の定義を行い、道徳的判断力を育むための授業づくりの方法を概説的に示します。

第2章では、5つの**教材類型**と6つの教材の読み方を解説します。

第3章では、「**問題追求的な学習**」を提案します。従来の多くの道徳授業では、「ねらいにかかわる導入（価値への導入）」と「教材にかかわる導入」があり、「ねらいにかかわる導入（価値への導入）」の場合、授業で扱う道徳的価値に「それとなく」関心を向けることがめざされてきました。それに対して、本書で提案する学習指導案では、導入の時点で「学習問題」を提示します。たとえば、「自由とわがままは同じ？　違う？」といった道徳的な問題です。このように授業の最初に問題を提示することは、「価値観の押しつけ」ではありません。それどころか、児童生徒がその問題を主体的に考えることが可能になるため、「主体的な学び」を促す指導方法だといえます。この指導方法を「問題追求的な学習」とよぶのは「問題解決的な学習」と区別するためです。「問題解決的な学習」の意味には混乱がみられますが、基本的には「解決策」を考える学習です。それに対して、「問題追求的な学習」は児童生徒が学習問題を主体的に追求することで価値理解を深める学習です。

第4章では、第2章の教材の読み方と第3章の問題追求的な学習をふまえて、どのように発問づくりをしたらよいのかを論じます。ここでいう発問には、「学習問題」と「中心的な発問」だけでなく、「**追発問**（問い返し）」も含まれます。筆者が道徳授業を見学するなかで一番気になっていることが、児童生徒から出た答えをもとにしつつ、その後の教師の「追発問（問い返し）」によって道徳的価値について多面的・多角的に考えていく授業が少ないということです。しかし、仮に教科書の発問どおりに授業を進めたとしても、「追発問（問い返し）」次第で多面的・多角的に考える授業に変わります。適切な「追発問（問い返し）」を行うためにも、教師があらかじめ教材に含まれている道徳的価値の意味、成立条件などを多面的に把握しておくことが不可欠です。

以上に加え、定番教材を用いて、第２章で提案する「教材の読み方」と、第３章で提案する「問題追求的な学習」をふまえた学習指導案を提案します。

【はじめに 注】

▼1　道徳的諸価値の正当化については別稿で行いました（髙宮 2022b）。

凡例

①『小学校学習指導要領（平成29年告示）解説 特別の教科 道徳編』は『小学校解説』、『中学校学習指導要領（平成29年告示）解説 特別の教科 道徳編』は『中学校解説』と示す。ただし、『小学校解説』、『中学校解説』に共通する文章を本文中で引用する際には『解説』と示す。

②『小学校学習指導要領（平成29年告示）解説 総則編』、『中学校学習指導要領（平成29年告示）解説 総則編』は、『小学校解説 総則編』、『中学校解説 総則編』と示す。ただし、小学校と中学校の『学習指導要領解説総則編』に共通する文章を本文中で引用する際には『解説総則編』と示す。

③『小学校学習指導要領（平成29年告示）』、『中学校学習指導要領（平成29年告示）』は、『小学校学習指導要領』、『中学校学習指導要領』と示す。ただし、両者に共通する文章を本文中で引用する際には『学習指導要領』と示す。

④平成29年告示の『学習指導要領』ではなく、学習指導要領一般をさす場合には、「 」（鍵括弧）を付けずに標記する。

目次

第2章

道徳的判断力の構成要素を見いだす5つの教材類型と6つの教材の読み方

第3章

問題追求的な学習

第4章 「学習問題」の設定と発問づくりの手法

巻末資料　学習指導案（逆頁）

第1章

道徳的判断力を育む授業づくり

1 道徳的判断力の定義

本書は、道徳的判断力を育む道徳授業づくりの方法を説明していきます。道徳的判断力を含む「道徳性の諸様相」を育むことが道徳授業の目標であることは、資料1・1のように、『学習指導要領』に明示されています（☞資料1・1）。道徳的な判断力、心情、実践意欲と態度という道徳性の諸様相のうち、道徳が教科化する以前は道徳的心情が最初に掲げられていましたが、教科化して、道徳的判断力が最初に置かれるようになりました。道徳的判断力が最初に置かれるようになったからといって、道徳的判断力が一番重要だというわけではありません。しかし、わざわざ最初に置かれたからには、道徳的判断力が重要であると考えるべきそれなりの理由があると考えてもよいでしょう。そこで、本書では、道徳的判断力を育む授業づくりの方法について述べていきたいと思います。

ところで、これまでの道徳授業では、たとえば「道徳的判断力を育む」と学習指導案のねらいに書くことはあったとしても、道徳的判断力と道徳的心情などのいずれを育むのかということが明確に意識されてきたわけではないでしょう。そのことは、道徳科の評価に関する記述からも間接的に読み取れます（☞資料1・2）。道徳授業は児童生徒の「人格そのものに働きかけ」るものであるから、「道徳的な判断力、心情、実践意欲と態度のそれぞれについて分節し」、それぞれに応じて観点別評価を行うことは妥当ではないというわけです。

しかしながら、道徳的な判断力、心情、実践意欲と態度というように諸様相が分けられているのですから、

資料1・1

第1章総則の第1の2の（2）に示す道徳教育の目標に基づき，よりよく生きるための基盤となる道徳性を養うため，道徳的諸価値についての理解を基に，自己を見つめ，物事を多面的・多角的に考え，自己の（人間としての※中学校）生き方についての考えを深める学習を通して，**道徳的な判断力**，心情，実践意欲と態度を育てる。（太字は筆者）

資料1・2

道徳科の目標は，道徳的諸価値の理解を基に，自己を見つめ，物事を広い視野から多面的・多角的に考え，人間としての生き方についての考えを深める学習を通して，**道徳的な判断力，心情，実践意欲及び態度を育てることであるが，道徳性の諸様相である道徳的な判断力，心情，実践意欲と態度のそれぞれについて分節し，学習状況を分析的に捉える観点別評価**を通じて見取ろうとすることは，児童（生徒）の**人格そのものに働きかけ**，道徳性を養うことを目標とする道徳科の評価としては妥当ではない。（『小学校解説』pp.109–110，『中学校解説』pp.111–112）（太字は筆者）

それぞれに異なる意味があることは明らかです。道徳的な判断力、心情、実践意欲と態度のいずれかに焦点化した授業をすることは許されるでしょう。授業のねらいとして道徳性の諸様相を分けることと、道徳科の評価として道徳性の諸様相を分節して評価をすべきでないということはまったく別の話であり、ふたつのことは両立します。

それでは、道徳的判断力とは何でしょうか（☞資料1・3）。

道徳的判断力とは、「それぞれの場面において善悪を判断する能力である。つまり、人間として生きるために道徳的価値が大切なことを理解し、様々な状況下において人間としてどのように対処することが望まれるかを判断する力」だとされています。そして、そのような道徳的判断力をもつことによって、「それぞれの場面において機に応じた道徳的行為が可能になる」とされています。しかし、はたして道徳授業でこうした道徳的判断力を養うことをめざして

資料1・3

それぞれの場面において善悪を判断する能力である。つまり，人間として生きるために道徳的価値が大切なことを理解し，**様々な状況下**において人間としてどのように対処することが望まれるかを判断する力である。的確な道徳的判断力をもつことによって，**それぞれの場面において機に応じた道徳的行為**が可能になる。

きたといえるでしょうか。

そもそも、道徳的判断力の意味が、「**様々な状況下**」での道徳的判断を行う力であり、道徳的判断力によって「それぞれの場面において**機に応じた**道徳的行為が可能になる」ものとして意識されてきたとはいえないでしょう。一般に、道徳的判断を問う発問とは、「親切にしてあげたのは、どんな**理由から**か」と問う発問であり、道徳的心情を問う発問とは、「親切にしたとき、どんな気持ちになったか」と問う発問であるといった定義がなされてきました。たしかに、ある理由に基づいて行為をすることは道徳的判断の要素です。しかし、こうした定義にあっては、道徳的価値が大切である理由を理解すること、つまり「人間としていきるために道徳的価値が大切なことを理解」することにとどまり、「様々な状況下」での道徳的判断や「それぞれの場面において機に応じた道徳的行為」までは視野に入ってきません。

2 個別の状況下での判断を問う理由：「思慮深さ」を養う

「それぞれの場面において機に応じた道徳的行為」を可能にする道徳的判断力を育むためには、「①**一般的な価値理解の学習**」に加えて、「②**一般的な価値理解を個**

別の状況下に適用する学習」が必要ではないか――これが本書の主張です。一概にはいえませんが、これまでの多くの道徳授業では、「一般的な価値理解」を学んだうえで（展開前段）、意図的に「自己を見つめる」学習活動（展開後段）を行うパターンが多かったのではないでしょうか。しかし、「一般的な価値理解」だけで、「それぞれの場面において機に応じた道徳的行為」が可能になるわけではないと思います。「一般的な価値理解」はもちろん重要です。しかし、「一般的な価値理解」を「様々な状況下」に適用してはじめて、道徳的判断力を育むことになるのではないでしょうか。

しかし、道徳授業では「①一般的な価値理解の学習」で十分である、なぜなら、児童生徒は一般的な価値理解さえしていれば、あとは児童生徒が自然に自分自身で日常生活に応用するはずであり、道徳授業で「個別の状況下」への適用にまで踏み込む必要はないからである――そんなふうに考える方もいるでしょう。それに対して、本書では、一般的な価値理解に加えて、個別の状況下での判断をも問う必要があると主張します。では、なぜ一般的な価値理解に加えて、個別の状況下での判断を問う必要があるのでしょうか。その理由を具体的に考えてみましょう。

まず、小学校で「希望と勇気、努力と強い意志」という内容項目に含まれている「勇気」という道徳的価値について考えてみます。「勇気は大切である」ということ自体を否定する人は少ないでしょう。「勇気」とは「困難や危険を恐れない心」（『デジタル大辞泉』）です。これが勇気についての「一般的な価値理解」です。では、「困難や危険を恐れない」ことはいつでも正しいことでしょうか。たしかに、一般に「困難や危険を恐れない」ことは大切です。しかし、自分の学力で入学できそうな学校の偏差値よりもはるかに高い志望校を受験することは、「困難や危険を恐れない」ことかもしれませんが、はたして「勇気」だといえるでしょうか。

同じように、勝ち目のない対戦相手に試合を申し込むことは、「困難や危険を恐れない」ことかもしれませんが、はたして「勇気」だといえるでしょうか。おそらく、多くの人はこれらのふたつの事例について「無謀」だというのではないでしょうか。こうしたことから、古代ギリシアの哲学者アリストテレスは、「勇気」を「臆病」と「向こう見ず」の間（**中庸**）とみなしています。

では、「勇気」が「臆病」と「向こう見ず」の間であると理解しただけで、勇気ある行為ができるのでしょうか。できないでしょう。この対戦相手に試合を申し込むことが「向こう見ず」だと判断するためには、「その相手に勝ち目があるかどうか」と、勇気を出すのにふさわしい対象・相手であるかどうかを吟味する必要があります。それゆえ、アリストテレスは、勇気ある人とは、「しかるべきものを、しかるべき目的で、しかるべき仕方で、しかるべきときに耐えたり恐れたりする人、またそのようにして自信をもっている人」（アリストテレス 2015）だといいます。つまり、勇気ある行為を見極めるには、「勇気」が「臆病」と「向こう見ず」の間であるという理解だけでなく、「何のために勇気を出すのか」という目的を評価し、勇気を出すべき対象・相手・方法・時などを見極めることが必要になります。

さらにアリストテレスは、「徳は目的を設定し、思慮深さは目的へと向かう事柄を遂行させる」（アリストテレス 2016）といいます。つまり、道徳的な行為を実践するためには、「徳」が示す行為の目的の評価と、その行為の対象・相手・方法・時などを判断するための「**思慮深さ**」（フロネーシス）の両方を欠くことはできないのです。「思慮深さ」とは、ほかのあり方を許容しない必然的な物事を知るための学問的知識（エピステーメー）とは異なり、ほかのあり方を許容する物事について判断するための知的な力を意味します。道徳的な行為はほかのあり方を許容する（つまり、善だけでなく悪も選択できる）からこそ、しかるべき対象・相手・方法・時などを判断するための「思慮深さ」が必要です。この「思慮深さ」こそ、わたしたちが道徳的判断力とよんでいるものだといえます。

アリストテレスは、「思慮深さは行為にかかわる。したがってそれは、普遍的な知識と個別的な知識の両方を備えていなければならないのである。ただし、どちらかといえば、個別的な知識のほうが重要である」（アリストテレス 2016）と述べています。ここで、「普遍的な知識」を「一般的な価値理解」に、「個別的な知識」を「個別の状況下での判断」に必要な**知覚**に置き換えてみましょう▼1。勇気ある行為にあてはめるならば、「困難や危険を恐れない」という「一般的な価値理解」だけでなく、どんな対象について、どんな相手に対して、どんな方法で、どんな時に勇気を出すべきかというように、個別の状況を適切に知覚する必要があります。先述した例でいえば、「この対戦相手と戦って勝ち目があるかどうか」を見極めるために、相手の強さを知覚する必要があるのです。以上から、道徳的判断力を構成するものは、一般的な価値理解に加えて、個別の状況下で適切に判断する力の両方が必要であるといえます。

「困難や危険を恐れない」という勇気はもちろん大切ですが、勇気を出すべき対象・相手・方法・時などの個別の状況を見極めなければ、「向こう見ず」となってしまい、危険なことです。ですから、「困難や危険を恐れない」ことは大切であるという勇気についての一般的な価値理解に加えて、「では、どのような対象と相手について、どんな方法で、どんな時に勇気を出すべきか」という個別の状況下での判断を問う必要があるのです。

同じことは、「正直、誠実」という内容項目のうちの「正直」についてもいえるでしょう。「嘘をついてはいけない」ということを一般論として否定する人はいないでしょう。いつも嘘をつく人は、人から信用されません。しかし、「絶対に嘘をついてはいけない」ということであれば、どうでしょうか。おそらく、「嘘を

表1・1 「価値理解」「人間理解」「他者理解」の違い（『小学校解説』）

価値理解	内容項目を，人間としてよりよく生きる上で大切なことであると理解することである。
人間理解	道徳的価値は大切であってもなかなか実現することができない人間の弱さなども理解することである。
他者理解	道徳的価値を実現したり，実現できなかったりする場合の感じ方，考え方は1つではない，**多様**であるということを前提として理解することである。

つかなければならないときもある」、「相手の幸せのためには嘘をつかなければいけないときもある」などの考え方も出てくるでしょう。このように、「正直」についても、やはり「思慮深さ」、すなわち道徳的判断力が必要なのです。正直であるべき対象や時を見極めなければならないからです。正直であるべき対象や時を見極めず、いつでも正直な人は、他人に言うべきでないことまで話してしまうので、「バカ正直」とよばれてしまうでしょう。

しかし、一般的な価値理解だけでなく、個別の状況下での判断まで含むとなると、一般的な価値理解の学習だけを行う場合に比べて、いっそう判断の個人差や多様性が顕著になるでしょう。たとえば「正直」についていえば、「嘘をつくくらいなら、黙っているほうがよい」と思う人もいるでしょう。一方、「嘘も方便」といわれるように、嘘をつくことにあまり嫌悪感をもたない人もいるでしょう。個別の状況下での判断を問うことによる価値観の多様性は、いわゆる「**他者理解**」の範疇であり、否定すべきものではありません（☞表1・1）。このことについては、6節で「個別最適な学び」について論じるところで再度考えます。

ここまで、一般的な価値理解に加えて、個別の状況下での判断を問うことが必要である理由を述べてきました。しかし、道徳授業で常に個別の状況下での判断を問うべきだと主張したいわけではありません。小学校低学年など、まだ「**抽象化**[2]」ができない発達段階の児童の場合を除き、ある行為のふさわしい対象・相手・方法・時などを問うことによって、**一般的な価値理解とは質的に異なる判断（「質的拡充」）**が生じると予想される場合にのみ（「一般的には嘘をつくべきではないが、嘘をつくべきときがある」など）、個別の状況下での判断を問うべきです。このことについては、5節で「価値の一般化」の工夫について述べるときに詳しく論じることにします。

3 道徳的判断力を育む学習の3つの階層

これまで、「①一般的な価値理解の学習」に「②一般的な価値理解を個別の状況下に適用する学習」を加えたふたつの学習によって道徳的判断力を育む必要性を述べてきました。ここでは、このふたつの学習を3つの階層に具体化してみます。この3つの階層による学習モデルは、第2章以降の「教材の読み方」や「発問づくり」の前提となる考え方となります。

「①一般的な価値理解の学習」は、「**A：道徳的価値の意味（内包・外延）、成立条件**」と「**B：道徳的価値の意義（道徳的価値が大切な理由、道徳的価値の効用・目的）**」に分けられます。以下の説明では、道徳的価値の具体例として「親切」を用いて説明します。

まず、「A：道徳的価値の意味（内包・外延）、成立条件」のうち、「道徳的価値の意味（内包・外延）」とは、「親切とはどういうことか」という親切の意味です。これはさらに、親切の定義（**内包**）と親切の種類（**外延**）

に分けられます。親切の定義（内包）とは、「相手のために何かをすること」などです。親切の種類（外延）とは、「肩たたき」、「落としものを拾って届ける」といった親切の具体的な行為をさし示します。それによって、外延は同時に、「いじわる」などの「親切ではない行為」もさし示すことができます。

「道徳的価値の**成立条件**」とは、「どういう条件があれば、親切が成立するのか」、「どんな場合に親切といえるのか」という条件のことです。たとえば「親切、思いやり」であれば「相手の立場に立つ」ことなどがあげられます。

次に、「Ｂ：道徳的価値の意義（道徳的価値が大切な理由、道徳的価値の効用・目的）」とは、親切の意味そのものではなく、親切の意義や重要性、つまり親切がなぜ大切なのかという**理由**や、親切にするとどんなよいことがあるのかという**効用**、何のために親切にするのかという**目的**のことです。親切の効用を考える学習として、親切にすることの**メリット**と**デメリット**を比較する学習が考えられます。メリットというのは、「人に好かれる」といった自己利益だけでなく、「相手が喜ぶ」、「みんなが幸せになる」といった他者や社会の利益までを含みます。

本書では、この「Ａ：道徳的価値の意味（内包・外延）、成立条件」と「Ｂ：道徳的価値の意義（道徳的価値が大切な理由、道徳的価値の効用・目的）」をまとめて「**一般的な価値理解**」とよぶことにします。

それに対して、「Ｃ：個別の状況下（特定の対象・相手・方法・時）での価値理解の適用の是非・あり方など」はこれまで「②一般的な価値理解を個別の状況下に適用する学習」とよんできたものと同じです。この学習を、「**価値理解**」とは区別して「**価値判断**」とよぶことにします。この学習では、教材をとおして学んだ一般的な価値理解をほかの状況（教材とは異なる対象・相手・方法・時など）に適用してみて、同じように適

具体	C：**個別の状況下**（特定の対象・相手・方法・時）での価値理解の適用の是非・あり方など。 →教材をとおして学んだ価値理解の**転移**を図る。	・「どんなときに親切にすべきで，どんなときに親切にすべきではないか」 ・「親切にすべきでない相手はだれか」	価値判断
↑	B：道徳的価値の**意義**（道徳的価値が大切な**理由**，道徳的価値の**効用・目的**）	・「なぜ親切にすることは大切なのか」（=「相手の喜び」（『小学校解説』）） ・「努力するとどんないいことがあるか」「努力しないとどうなるか」 ・「何のために努力するのか」	価値理解
抽象	A：道徳的価値の**意味**（内包・外延），成立条件など	・「親切とは何か（内包）」「親切にはどんな種類があるか（外延）」 ・「親切であるためにはどんなことが必要か」（=「相手の立場に立つ」（『小学校解説』）など）	

図1・1　道徳的判断力を育む学習モデル
（樹木の根っこ（下）から枝葉（上）のイメージ）

用できるかどうかについての是非や、異なった適用のあり方を考えます。教材をとおして学んだ価値理解の**転移**を図る学習といってもよいでしょう。このCの学習指導過程については、5節「道徳的判断力を育むための「価値の一般化」の工夫」で詳しく述べます。

図1・1は、「A：道徳的価値の意味、成立条件」を前提（**木の根っこ**）として、「B：道徳的価値の意義」（**枝**）→「C：個別の状況下での適用」（**葉**）というように、行為としてだんだんと具体化されていくイメージを図式化したものです。

このA・B・Cの学習についても、毎回の道徳授業ですべてを必ず含んでいなければならないわけではありません。A・B・Cの学習をすべて1時間で行うことは現実的に不可能でしょう。そこで、たとえばAやBの学習に1時間かけたあと、Cの学習を2時間めに行うなどの方法をとることによって、道徳的価値についての考え方を深めることができるでしょう。

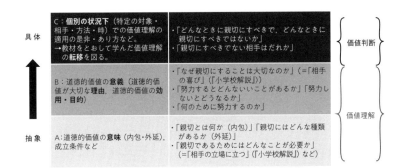

4 道徳的判断力を育む学習の強み：価値理解の学習と問題解決的な学習の「間」

3節では、道徳的判断力を育むためには、A・Bの「一般的な価値理解」の学習に加えて、Cの「個別の状況下での価値理解の適用」の学習が必要だということを主張しました。もちろん、A・B・Cのすべてを1時間で行うことは不可能でしょうが、ひとつの教材を1時間で終わらせなければいけないというきまりはありません。ですので、数回の時間をひとつのまとまり（ユニット）ととらえたうえで、本時の授業ではA・B・Cのいずれかに焦点化することも可能でしょう。とはいえ、本書では、道徳的判断力を育むために1時間で行うことのできる授業を巻末の学習指導案で提案したいと思います。

では、A・Bの「一般的な価値理解」の学習に加えて、Cの「個別の状況下での価値理解の適用」の学習を行うことがなぜ必要なのでしょうか。それは、現在多くの道徳授業で行われている学習活動の欠点を補えると考えられるからです。そこで、現在多くの道徳授業で行われている、①A・Bの「一般的な価値理解」の学習、あるいはA・Bの「一般的な価値理解」の学習＋「自己を見つめる」学習、②「問題解決的な学習」のふたつを、本書で提案する道徳的判断力を育む学習と比較しながら考えてみましょう。

第一に、①A・Bの「一般的な価値理解」の学習、あるいはA・Bの「一般的な価値理解」の学習＋「自己を見つめる」学習だけで終わってしまう場合と、A・BだけでなくCを取り入れる学習の場合を比べてみましょう。ここでは、「相互理解、寛容」の内容項目のうち、「寛容」の道徳的価値を扱う授業を例にします。

表1・2　道徳的な問題の例

（道徳教育に係る評価等の在り方に関する専門家会議「「特別の教科 道徳」の指導方法・評価等について（報告）」2016（平成28）年7月22日）

①道徳的諸価値が実現されていないことに起因する問題。
②道徳的諸価値について理解が不十分又は誤解していることから生じる問題。
③道徳的諸価値のことは理解しているが，それを実現しようとする自分とそうできない自分との葛藤から生じる問題。
④複数の道徳的価値の間の対立から生じる問題。

この授業では、「寛大な心をもって他人の過ちを許す」（『小学校解説』）という価値理解（A）の学習と「寛大な心をもって他人の過ちを許すことはなぜ大切か」という寛容の意義（B）の学習を行い、「では、自分は他人の過ちを許せているだろうか」と自己を見つめるのが通常でしょう。では、個別の状況下（特定の対象・相手・方法・時など）という視点を加えて考えてみましょう。すると、「許せる過ちと許せない過ちがあるのではないか」（寛容の対象）、「過ちを許せないときと許せるときがあるのではないか」（寛容の時）といった問いが生まれてきます。このように、A・BだけでなくCの学習を取り入れることによって、寛容にすべき対象や時という「条件」について多角的に考えることができるのです。

第二に、②「**問題解決的な学習**」との対比で考えてみましょう。「問題解決的な学習」の定義についてはやや混乱がみられますが、ここでは、表1・2に例示されている道徳的な問題についてその「解決策」を考える学習と定義しておきます。

実際、『「特別の教科 道徳」の指導方法・評価等について（報告）』（2016（平成28）年7月22日）の「道徳科における質の高い多様な指導方法について（イメージ）」では、「ここでは、何が問題になっていますか」、「同じ場面に出会ったら自分ならどう行動するでしょう」、「よりよい解決方法にはどのよう

表1・3　問題解決的な学習が導入された理由

(1)	教材の登場人物の心情や判断についてだけ考える学習では，児童生徒の主体的な判断を無視してしまいがちであること。
(2)	「価値と行為の切り離し」，つまり一般的な価値理解だけでは行為につながらない場合があること。

なものが考えられるでしょう」などの発問が例示されています。

こうした問題解決的な学習が導入された背景には、大まかにふたつの理由があるといえます（☞表1・3）。

（1）の批判にどうこたえたらよいのかについては前著で詳しく論じました（髙宮2020）。道徳的判断力を育むという点では、（2）の批判が重要になります。そこで、ここでは（2）の批判について考えてみましょう。

価値理解だけでは必ずしも行為につながらないとはどういうことでしょうか。それについては、すでに2節で述べたことと同じです。たとえば、「勇気」について、「困難や危険を恐れない」という価値理解だけでは、「向こう見ず」になりかねません。ですので、「勇気」を出すべき「時」や「対象」を見極める必要があります。また、「正直」について「嘘をつかない」ことは大切であるとしても、それだけでは「バカ正直」になりかねないわけです。

では、こうした価値理解だけでは必ずしも行為につながらないということを解消するために、問題解決的な学習が有効だといえるでしょうか。問題解決的な学習を一義的に定義することはできないので一概にはいえませんが、「同じ場面に出会ったら自分ならどう行動するか」と問うとすれば、「必ずしも有効ではない」ということをこれから述べたいと思います。売れない手品師が「明日もこの公園で手品を見せてあげる」という男の子との約束を優先するために、大劇場の舞台に出ないかという友人からの誘いを断るという「手品師」（光村・小６）を例に考えてみましょう。「同じ場面に出会ったら自分ならどう行動するか」と問うた場合、児童は「男の子が来る前に公園に行って、大劇場の場所を知らせる紙を貼っておく」といった「解決策」を答えるかもしれません。こうした「解決策」は「方法論」とよばれることもあります。この「解決策」は、この「手品師」という物語のあらすじにのみあてはまるその場限りの解決策にすぎません。つまり、この解決策には**汎用性**がありません。この物語の手品師にとっての解決策にはなり得ても、児童生徒がこれから生きていくうえでの生き方に応用できる解決策にはなり得ないのです。

ですから、問題解決的な学習として「同じ場面に出会ったら自分ならどう行動するか」と問うだけでは、物語のあらすじに沿ったその場限りの解決策になってしまう危険性があることに注意が必要です。そうならないためには、「誠実であるためには、あなたはどう行動するか」などと問い、「誠実」という**道徳的価値と行為・解決策を結びつける発問**をする必要があります。

この点については坂本（2018）が、問題解決的な学習には「**行為の解決**」と「**考え方の解決**」があり、重要なのは「行為の解決」ではなく、「考え方の解決」であると述べています。本書の主張と関連させるならば、「考え方」とは価値理解のことです。価値理解を抜きにして個別の状況下での判断のみを問うと、先ほど述べたような汎用性のない解決策だけが出て授業が終わってしまう可能性があります。そうならないためには、個別の状況下での判断を問うＣの学習の前提として、やはり一般的な価値理解を問うＡ・Ｂの学習は不可欠であり、Ｃの学習をＡ・Ｂの学習と結びつける必要があるといえるでしょう。

このように、本書で主張する道徳的判断力を育む学習は、一般的な価値理解を中心とした学習と、「同じ場面に出会ったら自分ならどう行動するか」と問う問題解決的な学習のそれぞれの欠点を補うものだといえます。

つまり、一般的な価値理解だけでは必ずしも行為につながらないので、Cの個別の状況下での判断を問う必要はたしかにあるのですが、その一方で、個別の状況下での判断を問うだけでは、汎用性のない解決策や方法論が出るだけに終始してしまうので、やはりA・Bの一般的な価値理解の学習がどうしても不可欠なのです。

ここで、再び「嘘をついてはいけない」ということについて考えてみます。「嘘をついてはいけない」ということは**価値理解**として前提になるでしょう。しかし、その価値理解を個別の状況に適用する場合には、「相手を傷つけないために、あえて嘘をつく」という**価値判断**もあり得るわけです。いいかえれば、価値理解が前提にあってこそ、価値理解の「**例外**」も存在するのです。ですから、一定の価値理解を抜きにして、最初から「価値観は人それぞれだよね」、「価値判断は状況によって異なるよね」ということは導き出せないはずなのです。

「困っている人を助けるべき」という価値理解は、どのような文化であってもおおむね普遍的に正しいといえます。しかし、一定の価値理解を前提にしつつも、「その困っている人とはだれなのか?」（対象についての判断）、「（自分の家族と外国の見知らぬ人など）困っている人がたくさんいるなかで、どの人を優先すべきなのか?」（対象についての判断）、「自分も余裕がないのに、困っている人を助けるべきなのか?」（時についての判断）、「困っているように見せかけて、本当は詐欺師ではないのか?」（相手・対象についての判断）などというように、さまざまな状況下に応じて多様な判断があり得るのです。ですから、たんに現実の価値判断は人や状況に応じて多様であるからといって、普遍的に善い・正しい価値理解などないのだという**道徳的相対主義**を引き出すことは性急な結論だといえます。▼3

5 道徳的判断力を育むための「価値の一般化」の工夫

教材をとおして一般的な価値理解を学んだだけでは、必ずしも道徳的判断力を育んだことにはなりません。それゆえ、個別の状況下での判断を問うCの学習活動を意図的に行うべきだということをこれまで主張してきました。こうしたCの学習活動を行うことによって、一般的な価値理解を、児童生徒が生きていくうえで遭遇する具体的な状況に適用することが可能になるでしょう。その意味で、Cの学習活動は、教材をとおして学んだ価値理解を、児童生徒が自分自身の生活や生き方に適用することをめざしているのです。こうした学習活動は、従来**「価値の一般化」**とよばれてきた工夫と重なる部分が大きいといえます。そこで、この節では、道徳的判断力を育む学習と「価値の一般化」の関係について述べることにしましょう。

「価値の一般化」を最初に提唱した青木孝頼は、次のように「価値の一般化」を定義しています（青木 1983）。

> 道徳の時間における「価値の一般化を図る」とは、各主題においてねらいとする一定の価値の本質を価値として子どもたちに把握させ、体得させることであり、道徳の時間で活用される資料を通しての子どもたちの価値把握が特定条件、特定場面下での価値把握にとどまりやすいことを考慮し、現在および将来にわたる子どもの全生活経験と結び付く価値の本質をとらえさせ、その価値についての道徳的態度を養うことを意図するところの、特別な配慮、工夫を意味する。

このように、青木によれば、価値の一般化とは特殊な条件、特殊な場面における価値理解を「現在および将来にわたる子どもの全生活経験」と結びつけることです。また、青木と同時代に活躍した村上敏治によれば、「一定の資料の提供する問題は、限定された特殊の場面におけるものである。それに対してねらいは一般的な表現をするのが定石であるから、ねらいと資料の間に距離があるのは当然であって、この距離を埋める学習活動が、いわゆる一般化と呼ばれるにふさわしいものである」（村上 1981）としています。

以上のような「価値の一般化」の定義に従えば、「価値の一般化」の目的は大まかにふたつであるといえます。ひとつは、たとえば小学校の「希望と勇気、努力と強い意志」について考えさせる教材で、マラソンという対象が扱われているとすれば、マラソンという対象を越えて、野球や勉強といったほかの対象にも問題場面を拡大させる「**場面の拡大**」です。もうひとつは、教材で描かれている問題場面を児童生徒にとって自己の問題として受け止めさせるための「**自己化**」（村上 1973）です。これは、「**自己との対話**」を促すことといいかえることもできるでしょう。

ただし、村上によれば、「場面の拡大」はさらに「問題場面の量的拡大」と「問題場面の質的拡充」に分けられます。マラソンで勝利するためには、「高い目標を立て、たとえ困難があっても、その目標に向かって努力することが大切である」という価値理解を授業で学んだとすれば、同じ価値理解は野球や勉強にも適用できるというように、類似した場面に拡大することが「**量的拡大**」です。

それに対して、一定の価値理解をもとにしつつも、その価値理解を個別の行為に適用する際には、場面や状況に応じて異なる仕方で適用しなければならないことを知るのが「**質的拡充**」です。たとえば、学級文庫を扱った教材をとおして「みんなのものだから、大切に使おう」という一般的な価値理解を学んだとします。

その後、「駅や図書館のものもみんなのものだから、大切に使おう」というように「場面の拡大」を図るのはたんなる「量的拡大」です。一方、「質的拡充」の場合、「では、学級と駅では何が異なるだろうか」と問い、異なる場面や条件による考え方や行為のあり方の違いについて考えさせるのです。そうすると、たとえば「学級であれば、全員の名前を知っている」けれども、「駅を使う人のなかには知らない人もいる」、「駅のものを大切に使わないと、学級の場合よりもたくさんの人に迷惑をかけるかもしれない」、「駅のものを大切に使っていなかったとしても、まわりは知らない人ばかりだから、ばれにくい」、「ばれにくい分、それだけ大切に使おうという強い意志が必要」といった考え方が出てくるでしょう。

このことから、「質的拡充」とは、1節で述べた「それぞれの場面において善悪を判断する能力」を養うことをめざす学習活動だといえます。たとえば、「勇気」とは「困難や危険を恐れない心」であるという一般的な価値理解をもとにしつつ、ただし「向こう見ず」にならないために、対象・相手・方法・時などに応じて勇気を出す仕方を考える学習活動が「質的拡充」であるわけです。

発達段階にもよりますが、道徳的判断力を育むうえで「量的拡大」がまったく不要とはいえませんが、一般に「質的拡充」のほうが重要だといえます。というのは、「努力」について考える学習としてマラソンを描いた教材を使用したときに、マラソンだけでなく、野球にも勉強にもあてはめるという場面の「量的拡大」は、児童生徒が「**抽象化**」の思考を身につけるにしたがって不要になるといえるからです。[4] 村上は、「特殊即一般、特殊即普遍ということは、小学校高学年から中学校段階において実際的にも成り立つと考える」（村上1973）と述べています。つまり、マラソンという特殊な場面を扱った教材をとおして努力について考える場合であっても、児童生徒が「抽象化」できるようになるにつれて、児童生徒が自分で野球や勉強などの類似した場面にも「努力」の大切さを一般化して適用できるようになるというわけです。その場合、マラソンをとおして学んだ努力についての価値理解を野球や勉強にもあてはめるという「量的拡大」を教師が意図的に行う必要はないでしょう。

一方、「質的拡充」のほうは、教材をとおして学んだ価値理解を、教材とは異なる対象・相手・方法・時などに適用した場合の質的に異なる価値判断を扱います。「量的拡大」は「今日学んだことは、マラソンだけでなく野球や勉強にもあてはまるね」ということを確認することですが、「質的拡充」のほうは、対象・相手・方法・時などに応じて異なる判断や行為のあり方について考えるのです。この「質的拡充」は、「抽象化」の能力だけでは容易に対応することができません。それゆえ、教師が意図的に異質な場面を取り上げる必要があるのです。

このように、「問題場面の質的拡充」の場合、教材をとおして得た一般的な価値理解を類似の場面に転移させようとするだけにとどまらず、**一般的な価値理解**を異なる場面に適用する際の**個別の状況下での判断（特定の対象・相手・方法・時などに応じた判断）の特殊性**についても考えさせることになります。そのため、本書では「問題場面の質的拡充」を図る学習活動を「**再特殊化**」と名づけることにしたいと思います。[5]

表1・4では、青木（1995）や村上（1973）の理論を筆者なりに再構成しつつ、「再特殊化」の学習活動を含む学習指導過程のモデルを示しています。なお、展開後段における①・②・③の学習活動は、これらを1回の授業で必ずすべて行うことを想定しているわけではありません。本書では、展開前段に加えて、②の「再特殊化」を重視した複数の学習指導案を掲載しています。また、③の「自己化」については、児童生徒が自然に「自己を見つめる」だろうと想定される場合には、必ずしも明示的な学習活動として教師が意図的に行わなくてもよいでしょう。

表1・4　学習指導過程における学習活動のモデル

展開前段	抽象化	教材の特殊な条件や場面について考えながら，「抽象化」することで，一般的な価値理解を獲得する。
展開後段	①問題場面の転移と拡充（量的拡大）	類似した場面・対象への拡大。 ※一般に，小学校低学年でのみ有効。 ※「特殊即一般，特殊即普遍」といわれるような「抽象化」が可能である限り，意図的に行う必要はない。
	②問題場面の転移と拡充（質的拡充）：「再特殊化」	「時処位」（対象・相手・方法・時など）に応じた価値判断。 例1）同じ「公共心公徳心」といっても，学校と駅では求められる心構えはどう異なるのか。 例2）いつ親切にすべきで，いつ親切にすべきでないか。
	③「自己化」：自己との対話	教材の問題場面についての学習成果を自己の問題として受け止めること。 ※中学校段階のように，教材と対話することがそのまま自己と対話することが可能である限り，意図的に行う必要はない。

6 道徳科における「個別最適な学び」と「協働的な学び」

次に、本書で提案してきた道徳的判断力を育む学習は、２０２１年1月26日に出された中央教育審議会の答申「「令和の日本型学校教育」の構築を目指して：全ての子供たちの可能性を引き出す、個別最適な学びと、協働的な学びの実現」で提示された「個別最適な学び」と「協働的な学び」とどのようにかかわるのかみていきましょう（☞資料1・4、1・5）。

「**個別最適な学び**」とは、「**指導の個別化**」と「**学習の個性化**」を学習者視点から整理した概念であるとされています。「指導の個別化」については、道徳的判断力を育むための道徳授業づくりの方法を説明するという本書の目的からして扱いません。

一方、「学習の個性化」は、道徳的判断力を育むこ

資料1・4

○全ての子供に基礎的・基本的な知識・技能を確実に習得させ，思考力・判断力・表現力等や，自ら学習を調整しながら粘り強く学習に取り組む態度等を育成するためには，教師が支援の必要な子供により重点的な指導を行うことなどで効果的な指導を実現することや，子供一人一人の特性や学習進度，学習到達度等に応じ，指導方法・教材や学習時間等の柔軟な提供・設定を行うことなどの「指導の個別化」が必要である。

○基礎的・基本的な知識・技能等や，言語能力，情報活用能力，問題発見・解決能力等の学習の基盤となる資質・能力等を土台として，幼児期からの様々な場を通じての体験活動から得た子供の興味・関心・キャリア形成の方向性等に応じ，探究において**課題の設定**，情報の収集，**整理・分析**，**まとめ・表現**を行う等，教師が子供一人一人に応じた学習活動や学習課題に取り組む機会を提供することで，子供自身が学習が最適となるよう調整する「学習の個性化」も必要である。

○以上の「指導の個別化」と「学習の個性化」を教師視点から整理した概念が「個に応じた指導」であり，この「個に応じた指導」を学習者視点から整理した概念が「個別最適な学び」である。（太字は筆者）

と深くかかわります。

第一に、探究における「**課題の設定**」についてです。児童生徒の道徳性や価値理解の実態は、それまでの日常生活における経験や体験に影響されます。それゆえ、道徳授業で提示される教材のなかに、児童生徒が探究すべき切実な課題をいつでも見いだせるとは限りません。そこで、教材が含んでいる世界と個々の児童生徒の経験や体験、および道徳的価値についての先行理解とを結びつける工夫が必要になります。こうした工夫については、第3章「問題追求的な学習」で詳しく説明します。

第二に、「**整理・分析**」については、あとに述べる「協働的な学び」ともかかわりますが、授業のなかで学級の児童生徒から出る多様な発言について、別の児童生徒が似ている考え方や異なる考え方を整理したり、「なぜそう思うのか」と考え方の理由を分析したりすることが、道徳

資料1・5

○さらに,「個別最適な学び」が「孤立した学び」に陥らないよう,これまでも「日本型学校教育」において重視されてきた,探究的な学習や体験活動などを通じ,子供同士で,あるいは地域の方々をはじめ多様な他者と協働しながら,あらゆる他者を価値のある存在として尊重し,様々な社会的な変化を乗り越え,持続可能な社会の創り手となることができるよう,必要な資質・能力を育成する「協働的な学び」を充実することも重要である。

○「協働的な学び」においては,集団の中で個が埋没してしまうことがないよう,「主体的・対話的で深い学び」の実現に向けた授業改善につなげ,子供一人一人のよい点や可能性を生かすことで,**異なる考え方が組み合わさり**,よりよい学びを生み出していくようにすることが大切である。「協働的な学び」において,**同じ空間で時間を共にすることで,お互いの感性や考え方等に触れ刺激し合うこと**の重要性について改めて認識する必要がある。人間同士のリアルな関係づくりは社会を形成していく上で不可欠であり,知・徳・体を一体的に育むためには,教師と子供の関わり合いや子供同士の関わり合い,自分の感覚や行為を通して理解する実習・実験,地域社会での体験活動,専門家との交流など,様々な場面でリアルな体験を通じて学ぶことの重要性が,AI 技術が高度に発達する Society5.0 時代にこそ一層高まるものである。(太字は筆者)

的判断力を育むことにつながるのです。

第三に、「**まとめ・表現**」については、授業を経て、児童生徒が自分の考え方を表現することは、一般的な価値理解を学ぶことにとどまらず、価値理解を自分自身とのかかわりでとらえることにつながります。つまり、児童生徒一人ひとりが自分なりの「**納得解**」をもてるようにするための手だてだといえます。

第四に、本書で主張してきたように、一般的な価値理解の学習だけで終わらず、個別の状況下での判断を問うことこそ、まさに「学習の個性化」であると考えることもできるでしょう。たとえば、「感動、畏敬の念」の内容項目についてオーロラを事例に考える学習をしたのち、「では、あなたはどんなものに人間の力を超えた力を感じるか」、「それは、オーロラをとおして考えたこと、感じたことと同じか、または異なるか」などというように、異なった対象についての異なった感じ方や考え方を問います。そうすると、児童生徒本人の体験や経験、性格に応じて、一般的な価値理解を適用する対象・相手・方法・時などを「個性化」して考えることになるからです。

　中央教育審議会の答申「「令和の日本型学校教育」の構築を目指して」では、「「個別最適な学び」と「協働的な学び」の一体的な充実」が主張されています。このことは、道徳科の学びについても同様にあてはまるといえるでしょう。内容項目に含まれている道徳的諸価値は人類の知的遺産です[6]。児童生徒にも道徳的諸価値の意味を理解してもらい、そのうえで実践してほしいものではあります。しかし、道徳的諸価値については多様な見方・考え方（道徳的価値観）があります[7]。『解説』の第3章第2節「内容項目の指導の観点」に示されている道徳的価値についての考え方ですら、それが唯一の「正解」というわけではありません。たしかに、一般的な価値理解を学ぶことは道徳的判断力を育むうえで不可欠です。しかし、「主体的な学び」が強調され、注入や「教え込み」が否定されている昨今では、その一般的な価値理解は学級の児童生徒との「対話的な学び」または「協働的な学び」をとおして獲得されるべきものであるといえるでしょう。

　ただし、道徳性は「**内面的資質**」（『解説』）であるとされていることにも留意する必要があります。道徳性を構成するものは、個々人の内面における道徳的判断力などの道徳性の諸様相です。ですから、「対話的な学び」、「協働的な学び」やそれにともなう合意形成は、道徳科においては学習の方法にはなり得ても、目的ではありません。もちろん、このことは道徳科の授業において**合意形成**をいっさい排除すべきだという意味ではありません。道徳科では、「内面的資質」である道徳性を養うことを目標にしているのであり、合意形成そのものが目的ではないということです。

【第1章 注】

▼1 稲村（2006）は、「アリストテレスが指摘したフロネーシスある人の重要な特徴は、正しい生き方に関する一般的な観念を持っていること、その観念に照らして個別の状況を適切に知覚し行為すること、という二点である」としています。

▼2 「抽象化」については、第1章5節で論じます。

▼3 道徳的相対主義に対する反論に興味がある方は、以下の拙稿をぜひお読みください。『価値観を広げる道徳授業づくり』では、「多元主義的普遍主義」という立場から、道徳的諸価値の普遍性と価値観の多様性がいかに両立し得るかを論じました（髙宮 2020）。

▼4 「抽象化」という概念については、清水（2011）をご覧ください。

▼5 「再特殊化」と「価値の一般化」の関係については、以前詳しく論じたことがあるので、そちらをご覧ください（髙宮 2022a）。

▼6 道徳的諸価値を学校教育で指導することについてはその正当化が必要です。『続・道徳教育はいかにあるべきか』の拙論「カント主義的構成主義による内容項目の正当化」では、「普遍化可能性」の原理によって道徳的諸価値をいかに正当化し得るのかを論じました（髙宮 2022b）。

▼7 道徳的価値と道徳的価値観の違いについては、髙宮（2020）で詳しく論じました。

第2章

道徳的判断力の構成要素を見いだす
5つの教材類型と6つの教材の読み方

1　5つの教材類型

この章では、道徳的判断力を育む授業づくりをするために、どのように教師が教材を読んでいけばよいのかを説明します。

教材をどう読み、どう活用するのかを説明する前に、教材そのものの類型を示しておきましょう。とはいえ、教材のあり方は多様であり、教材の類型化を完全な形で行うことはむずかしいといえます。

また、内容項目によっても典型的な教材のあり方は異なります。たとえば、「自律」や「正直」であれば、正しいことをしたい自分と、欲望に負けそうになる自分が葛藤する場面が描かれる「②価値非実現・心理葛藤型」のうちの心理葛藤型の教材が多いでしょう。一方、「感動、畏敬の念」であれば、登場人物の葛藤が描かれることはあまりなく、自然の偉大さや美しさに感動する姿が描かれる「①価値実現型」が多いでしょう。たとえば、「ひしゃくぼし」（光村・小1）では、心の美しさしか描かれておらず、主人公の心理的葛藤や変容が描かれているわけではありません。それゆえ、この教材は「①価値実現型」の教材類型とみなすことができます。このように、内容項目によって教材のあり方は異なりますが、内容項目の性質は考慮せずに、教材類型を示すことにします（☞表2・1）。

とはいえ、教材そのものがひとつの読み方しか許容しないということは少ないでしょう。それにともなって、教材類型もひとつの型にはくくれないことがあります。たとえば、一見すると、「善いことは明確だが、

表2・1　教材類型

①価値実現型	善いことが明確で，善いことのみが描かれている。
②価値非実現・心理葛藤型*	善いことは明確だが，登場人物が善いことに気づいていない状態（価値非実現）や，登場人物の心理的葛藤や変容がある。 ：価値理解（価値の大切さ）と人間理解（価値を実現できない人間の弱さ）が含まれている。
③価値葛藤型**（ひとつの道徳的価値）	ひとつの道徳的価値について対立する考え方がある。
④価値葛藤型（複数の道徳的価値）	ふたつ以上の道徳的価値同士が対立している。 ：「規則の尊重」と「相互理解，寛容」などが対立する。
⑤解決策型	解決策を問う。

* p.13の表1・2「道徳的な問題の例」の①～③と対応します。

** 荊木（2021）によれば，「心理葛藤」は「正邪美醜が明瞭」であるのに対して，「価値葛藤」は「複数の価値や質を異にする価値観が衝突する」ことをさします。

登場人物が善いことに気づいていない状態や、登場人物の葛藤や変容がある」という「②価値非実現・心理葛藤型」のように読み取れる教材であっても、同時に、「ふたつ以上の道徳的価値同士が対立している」、「④価値葛藤型（複数の道徳的価値）」でもあるということはよくあります。たとえば、第二次世界大戦中、リトアニアのカウナスという都市で日本領事館領事代理をしていた杉原千畝が、ナチスドイツによって迫害されたユダヤ人にビザを発給し、かれらの亡命を手伝ったことを描いた教材では、杉原の「人類愛」（中学校の内容項目としては「国際理解、国際貢献」）からの行為が描かれています。しかし、杉原の行為は、ビザを発行することで家族の命を危険にさらすかもしれないという「家族愛」との衝突や、外務省の命令に逆らってビザを発行した点では「遵法精神」との衝突があると読み取ることもできます。

また、「バスと赤ちゃん」（日文・中1）は、赤ちゃんが泣き叫ぶので目的地よりも手前のバス停で降りようとする母親を助けるために、バスの運転手が「最後まで乗せていってあげてください」と乗客にアナウンスする物語です。バスの運転手の行為は、たしかに母親に対する「思いやり」である反面、母親にとっては「重荷」（『中学校解説』）であるかもしれません。それに、「相手の立場に立つ」（『小学校解説』）という点からすれば、バスの乗客にとっては「自分たちの意志を無視した親切の押しつけ」に思えるかもしれません。ですので、この教材に対しては、「①価値実現型」と「③価値葛藤型（ひとつの道徳的価値）」の両方の解釈ができるわけです。

「多面的・多角的に考える」ことが道徳科の目標に示されていることからすれば、教師が教材を読むときにも「多面的・多角的」な読み方をしておくべきでしょう。その点では、教材類型についても、ひとつの型として固定的にとらえるのではなく、複数の類型をもとに教材を読もうとする姿勢が必要であるといえるでしょう。

2 教材の読み方A：道徳的価値の意味（内包・外延）、成立条件を読み解く

では、1節で述べた教材類型をもとに、どうやって授業づくりをしていけばよいのでしょうか。まず、表2・1（☞前頁）①～⑤のいずれの教材類型であっても、教材に含まれている道徳的価値の意味を把握しておくことが重要です。これは、11頁の図1・1で示した道徳的判断力の構成要素のうち、「A：道徳的価値の意味、成立条件」にあてはまります。

児童生徒の深い価値理解を促すためには、まずは教師自身が教材に含まれている道徳的価値の意味、成立

条件を深く把握しておく必要があります。

そのために、教材を熟読したうえで、『解説』の「内容項目の指導の観点」のうち、その教材の内容項目（「友情、信頼」など）の部分を読みます。反対に、『解説』を読んでから教材を読んでもかまいません。両方を往還しながら、その日の授業で焦点化したい道徳的価値の意味、成立条件を定めます。このとき、「友情、信頼」であれば、「友情の大切さに気づく」といった漠然とした把握は適切ではありません。どういった「友情」なのか、「友情」の中身を定めるということが重要です。

そのためには、第一に、学年段階ごとの内容項目の記述の**系統性**をふまえる必要があります。たとえば、「親切、思いやり」の場合、小1～小2は「身近にいる人に温かい心で接し、親切にすること」ですが、小3～小4は「相手のことを思いやり、進んで親切にすること」です。つまり、小3～小4では、たんに親切にするだけでなく、相手のことを思いやることが求められているのです。

そのうえで、第二に、『解説』の「内容項目の指導の観点」の記述などを参考にし、児童生徒に気づかせたい・考えさせたいポイントを把握します。たとえば、「思いやり、感謝」では、『中学校解説』には、「重荷にならないようにという配慮がなされた思いやりに気付くことは決して容易ではない」という記述があります。すると、ひと口に「思いやり」といっても、相手の「重荷になってしまう思いやり」と、「重荷にならないようにという配慮がなされた思いやり」が区別できることがわかります。「重荷にならない」ことは、思いやりの「意味」というよりも、思いやりの「成立条件」といったほうがふさわしいかもしれません。また、「友情、信頼」では、小3～小4の「指導の要点」が「助け合い」とあるのに対して、小5～小6では「磨き合い、高め合う」という記述があります。これは「友情」が、たんに「仲よく」、「助け合う」だけでなく、「高め合

表2・2 「価値観の押しつけ」という批判にどう応じるか

(1)	ねらいとする一定の道徳的価値の意味，成立条件は，あくまで「**目安**」である（ただし，いじめや差別のような人権や社会正義に関わる価値理解については一定の「正解」を示す必要がある）。
(2)	発達段階をふまえて，「**わかりきったこと**」を**言わせない**ようにする。
(3)	多様な見方や考え方のできる事柄について，特定の見方や考え方に偏った指導を行うことのないようにする。
(4)	気づかせたい・考えさせたい一定の価値理解を想定しないような授業を否定するわけではない。

う」こと（切磋琢磨）も意味しているということです。

ただし、『解説』だけでは道徳的価値についての記述が薄い部分もあり、道徳的価値の意味、成立条件を深く把握できない場合もあります。その場合は、村上敏治（1983）、行安茂（2009）、島恒生（2020）、澤田浩一（2020）、赤堀博行（2021）などの内容項目の解説をした書籍や、各種の哲学・思想辞典も参考になるでしょう。

1 「価値観の押しつけ」？

しかし、一定の道徳的価値・成立条件の意味に気づかせようとすると、**「価値観の押しつけ」**になるのではないかという批判があります。このことに簡潔にこたえておきましょう（☞表2・2）。

(1) 教師が把握する道徳的価値の意味、成立条件は「目安」である

なぜ教師が一定の道徳的価値の意味、成立条件を把握しておく必要があるのでしょうか。それは、道徳科も授業である以上、そこに「**学び**」がなければならないからです（島 2020）。たとえば、本書で学習指導案を掲載する「うばわれた自由」（日文・小5）であれば、たんに「自由」という道

資料2・1

学習指導要領第３章の「第２　内容」は，教師と児童（生徒）が人間としてのよりよい生き方を求め，共に考え，共に語り合い，その実行に努めるための**共通の課題**である。（中略）

ここに挙げられている内容項目は，児童が（中学校の３学年間に生徒が）人間として他者とよりよく生きていく上で学ぶことが必要と考えられる道徳的価値を含む内容を，短い文章で平易に表現したものである。また，内容項目ごとにその内容を端的に表す言葉を付記している。これらの内容項目は，児童自らが道徳性を養うための**手掛かり**となるものである。なお，その指導に当たっては，内容を端的に表す言葉そのものを教え込んだり，知的な理解にのみとどまる指導になったりすることがないよう十分留意する必要がある。（『小学校解説』p.22，『中学校解説』p.19）（太字は筆者）

徳的価値に焦点化するだけではなく、「自由と自分勝手は違う」「他者に配慮した自由」や「他人の自由と両立する自由」、「自他の自由の尊重」といった道徳的価値の「**意味**」や「**成立条件**」に焦点化します。

このことは、特定の答えを言わせたり、書かせたりするように仕向けることとは異なります。一定の道徳的価値の意味、成立条件に焦点化するからこそ、児童生徒がその意味を超える（または想定外の）答えを言ったり書いたりしたときに、教師がその答えのすごさや深さを認めることができるのです。

また、教師が一定の道徳的価値の意味Aに焦点化するからこそ、それとは異なる意味Bを児童生徒が発言したときに、意味Aと意味Bについて、「さっき○○さんが言った意見と△△さんの意見はどこが違うの？」などと、ふたつの意味を比較する学習活動を仕掛けることができます。すでに述べたように、たとえば『中学校解説』の「思いやり、感謝」の「内容項目の指導の観点」には、「重荷にならないように配慮された思いやりに気付く」という記述があります。教師は、この記述を読んで理解しておけば、「重荷にならないように配慮された思いやり」と「重荷になる思いやり」のふたつがあることを把握しておくことができます。そうすれば、実際には『解説』に書かれた言葉で問うのではなく、児童生徒の言葉を用いて問うとしても、「「重荷にならないように配慮された思いやり」と「重荷になる思いやり」はどう違うの？」と比較を促すことができます。ですから、教師があらかじめ道徳的価値の意味、成立条件を把握することは、価値観を押しつけるためではなく、むしろ児童生徒の**価値理解を広げ、深める**ためなのです。それに対して、教師がたんに「今日の内容項目は「思いやり」だ」などというように、道徳的価値の意味、成立条件を漠然としか把握できていなければ、児童生徒の答えを黒板に羅列するだけの平板な授業になってしまいます。

とはいえ、教師が把握する道徳的価値の意味はあくまで「**目安**」です（村上 1973）。資料2・1（☞前頁）のように、『解説』でも内容項目はあくまで「児童（生徒）自らが道徳性を養うための**手掛かり**」と記載されています。つまり、道徳授業は、児童生徒一人ひとりが自分自身の価値観を形成するためのものであり、内容項目やそこに含まれている道徳的価値はそのための手がかりにすぎません。

ただし、差別やいじめにかかわる学習などでは、一定の価値理解を正しい考え方として教えなければならない場合もあります。そうした学習では「いろんな考えがあるよね」ではすまされません。しかし、その場合でも、「深い学び」のためには、「いじめはダメ」といった「わかりきったこと」をねらいにするのではなく、いじめをしてはいけない理由や、どうしたらいじめをなくせるのか、といったことを考えさせるべきでしょう。

(2) 発達段階をふまえる

「わかりきったこと」をねらいにしないためには、**発達段階**をふまえて、前の学年に学習した道徳的価値の意味をさらに広げ、深めるという意識をもつことが必要です。

(3) 見方や考え方が偏らないようにする

一定の道徳的価値の意味、成立条件に焦点化するといっても、それが**偏ったものであってはいけません**。このことは、『学習指導要領』の「特別の教科 道徳」「第3 指導計画の作成と内容の取扱い」の2(6)でも、「多様な見方や考え方のできる事柄について、特定の見方や考え方に偏った指導を行うことのないようにすること」と記載されています。ですから、ねらいとする道徳的価値の意味、成立条件が偏らないようにするとともに、偏ると思われる場合には、複数の意味、成立条件や考え方を比較する授業をするべきでしょう。

(4) 一定の道徳的価値の意味を定めない授業があってもよい

前述の(1)~(3)を読んでも、やはり一定の道徳的価値の意味、成立条件を定めるべきではないと考える方がいるかもしれません。筆者はそのような考え方を否定するつもりはありません。ここには授業観の対立があります。そこで、ここでは3つの授業観を提案したいと思います。

第一に、たとえば、「重荷にならないように配慮された思いやりに気付く」というような、一定の道徳的価値の意味、成立条件の理解を授業のねらいにするならば、そうした授業観を「**理想主義①**」とよぶことにします。

表2・3　授業観の類型

理想主義①	一定の道徳的価値の意味，成立条件に気づかせる。
理想主義②	発問づくりや，児童生徒の発言を受け止め，そこから深めるために，一定の道徳的価値の意味，成立条件を把握する。
現実主義	教師による道徳的価値の意味，成立条件の把握を前提とせず，児童生徒に自由に考えさせようとする。

それに対して、第二に、教師は一定の道徳的価値の意味、成立条件を事前に把握しておきますが、それに「気づかせる」ためというよりも、あくまで発問や追発問（問い返し）によって児童生徒の考え方を広げ、深めるために道徳的価値の把握を行うという立場を「**理想主義②**」とよぶことにします。「理想主義②」の場合、一定の道徳的価値の意味、成立条件を把握しますが、その意味、成立条件に気づかせたいわけではありません。教師が道徳的価値の意味、成立条件の把握をするのは、発問づくりに活用するためであり、児童生徒の発言を受け止め、そこから児童生徒の考えを深めたり、議論を促したりするためです。なお、本書の立場はこの「理想主義②」です。

第三に、「真の友情とは何かを考える」のように、教師による道徳的価値の意味、成立条件の把握を前提とせず、児童生徒の価値観の多様性をふまえて、児童生徒に自由に考えさせようとする立場をとるもので、これを「**現実主義**」とよぶことにします（☞表2・3）。

なお、「現実主義」に基づいて授業をする場合にも、児童生徒の答えを予想し、それにどのように「追発問（問い返し）」をしたらよいかを考えるうえで、教師自身が道徳的価値の意味、成立条件を多面的に把握しておくことは有益です。その点で、本書で提案する教材の読み方は参考になるでしょう。

近年では、ｐ４ｃ（philosophy for children: 子どものための哲学）などの哲学対話が道徳科の授業にも取り入れられ、子どもが自分たちで問いをつくり、話し合う学習

表2・4 「徳目主義」に対する批判

(1)	個々の道徳的価値（内容項目）を別々に教えるため，実践につながらない。
(2)	教材に描かれた特定の行為を正しいものとして教え込んでいる。

活動が行われるようになってきています。そうした授業であっても、教師が教材に含まれている道徳的価値の意味、成立条件を多面的に把握しておく必要があるでしょう。そうでなければ、教師は児童生徒の議論を整理分類することができませんし、児童生徒から出た考え方を相互に比較させることもできず、「ただ聴いているだけ」になってしまいます。それでは児童生徒の深い学びを促すことはできないでしょう。

2 「徳目主義」？

「友情、信頼」などの内容項目に応じて、一定の道徳的価値の意味、成立条件に気づかせようとすることは「**徳目主義**」だと批判されることもあります。「徳目主義」という用語は論者によって用法が異なり、明確な定義はありませんが、「徳目主義」に対する批判とは、おおむね以下の批判です（☞表2・4）。

(1) 個々の道徳的価値（内容項目）を別々に教えるため、実践につながらない？

この批判については、以下の島（2020）の記述が参考になります。

> 確かに、子どもたちがこれから先に出会う問題は、複数の内容項目が絡み合うものばかりです。しかし、だからこそ道徳科は、一つの内容項目で進めるの

です。（……）現実のどのような場面や状況に出会うかは分からないのです。そのとき、子どもたちには、自分の道徳性を総動員して深く考え、適切に判断して行動してほしいわけです。当然、様々な内容項目が関わります。それらを、より深く、より広く考え、判断できるようにするために、道徳科で内容項目一つ一つについて深く考えられるようにしておくことが大切なのです。もし、道徳科で複数の内容項目を安易に扱ったら、浅い学びしかできないでしょう。

たしかに、現実の人生においては、「思いやり」と「規則の尊重」のどちらをとるべきかという選択が問題になることが多いでしょう。しかし、そうだとしても、「個々の道徳的価値の意味、成立条件について深く理解するための道徳授業がやはり必要ではないか？」と主張したいのです。たとえば、「親切、思いやり」の価値理解が、たんに「人に親切にする」といった「わかりきったこと」であれば、わざわざ道徳授業をするまでもありません。しかし、『中学校解説』には「重荷にならないように配慮された思いやりに気付く」とあります。こうした道徳的価値の意味、成立条件について道徳授業で学んでおくことは大切であると思います。

そのうえで、本書では、道徳的判断力を育むために、11頁の図1・1で示した3つの階層のうちの「C：個別の状況下での適用」を問うことを主張しています。こうした学習によって、個々の道徳的価値の意味、成立条件を十分に理解したうえで、それを個別の状況での実践に適用するための道徳的判断力を育むことができると考えています。

（2）教材に描かれた特定の行為を正しいものとして教え込んでいる？

これについても誤解があります。教材によっては、教材に描かれた登場人物の行為をそのまま実践することが望まれているような場合もたしかにあるでしょう。しかし、道徳授業の目的のひとつは道徳的価値の意味、成立条件の理解です。道徳的価値の意味の理解とは、たとえば「誠実とはどういうことか」を理解することです。「手品師」がよく誤解される例ですが、「手品師」では、「男の子との約束を選ぶことが正解」というわけでは必ずしもありません。「手品師は男の子との約束を選びましたが、その選択の前提となっている誠実さとはいったいどういう意味なのか」を理解してほしいのです。それは、たとえば「自分を偽らないこと」、「自己に対する忠実」でしょう。こうした「誠実」についての道徳的価値の意味の理解が大切なのであり、「男の子との約束を選ぶ」という特定の行為を押しつけているわけではありませんし、教え込もうとしているわけでもありません。

まずは「自分を偽らないこと」、「自己に対する忠実」といった「誠実」の意味を理解することが大切です。そのうえで、それを実践に応用する際には、価値理解を適用する対象・相手・方法・時などを見極めるための道徳的判断力が必要なのです。ですから、だれもが手品師のように「男の子との約束を選びなさい」と命令することが道徳授業の目的ではありません。

（3）結末が決まっていると「考える」授業にならない？

もうひとつ、「徳目主義」に対する批判と近いものとして、「教材に結末が描かれていると、考えられない」という声があります。しかし、結末がある教材でも、登場人物の行為の前提にある道徳的価値の意味、成立条件、行為の理由や効用・目的について考えることはできます。それだけでなく、登場人物の行為や判断の是非について考えることもできます。これについて、村上（1973）は**「結末」と「結論」は異なる**と述べています。本書で扱う教材も、すべてクローズドエンドで「結末」のある教材を扱います。しかし、結末が決まっていても、十分に「多面的・多角的に考え」られることを示していきます。

本書に学習指導案を掲載する「雨のバスていりゅう所で」（光村・小４）を例に考えてみましょう。ある雨の日、バスの停留所では、バスを待っている人たちが、晴れの日に並ぶ通常の場所ではなく、後方にあるたばこ屋さんの軒下で雨宿りをしながら並んで待っています。主人公のよし子さんは、バスが近づいてくると、たばこ屋さんの軒下に並んでいた順を無視して一番に走って乗ろうとしますが、お母さんから引き止められるという話です。この教材では、たしかに「結末」は決まっています。しかし、「マナー」や「公徳」について深く考えられる教材です。たとえば、「よし子さんがしたことはよくなかったのか？」と批判的に考えたり、「決められたルールではないのに、なぜ守らなければならないの？」と理由を考えたりすることで、マナーや公徳の意義について理解を深めることができます。

3　道徳的価値の複数の意味、成立条件を多面的に把握する

ひとつの教材のなかに読み取れる道徳的価値の意味、成立条件はひとつに限られるわけではありません。教師は、ひとつの教材のなかにふたつ以上の道徳的価値の意味、成立条件を**多面的**に読み取っておくことで、児童生徒にも、それらの道徳的価値の意味、成立条件に気づかせるように「仕掛ける」ことができます。そ

表2・5 『中学校解説』における「勤労」の複数の意味

①「職業に意味を求め，自分の能力や個性を生かして自らの内面にある目的を実現するために働くという職業を使命として捉える考え方」。
②「働くことの喜びを通じて生きがいを感じ」る。
③「分業化の進んだ社会の中で一定の役割を果たして社会を支える」。
④「勤勉とは，自己の精神を集中させようと努力することであり，一つの仕事に没頭することである」。

のことによって、児童生徒の道徳的価値に対する考え方を多面的にしていくことができるでしょう。

たとえば「あるレジ打ちの女性」（日文・中3）は、「勤労」の内容項目を扱った教材です。『中学校解説』の「内容項目の指導の観点」の「勤労」の箇所を読むと、「自分の能力や個性を生かして」、「働くことの喜び」、「一定の役割を果たして社会を支える」といった記述があります。これ以外にも「勤労」の意味、成立条件はありますが、これら3つの意味、成立条件をあらかじめ把握しておきます。そうすると、「では、やりがいを感じるようになったのはなぜか？」と発問し、「お客さまに喜ばれたから」と生徒が答えたなら、「もしこのお客さんがいなかったら、彼女は仕事のすばらしさに気づけなかったのか？」と問い返します。この「お客さまに喜ばれる」ということは「一定の役割を果たして社会を支える」ことにあたります。それ以外に、「自分の能力や個性を生かして」働くことも「勤労」の意味、成立条件であることを教師があらかじめ把握しておけば、追発問（問い返し）ができます。その追発問によって「個性を生かせたから、気づけた」と生徒が答えることをあらかじめ想定しておくのです。このように、教材を読んだうえで、『解説』の「内容項目の指導の観点」に記載されている道徳的価値の**複数の意味**、**成立条件**を抽出しておくことで、児童生徒を深い価値理解へと導くことができます（☞表2・5）。

もちろん、こうしたひとつの道徳的価値のなかの**複数の意味、成立条件が互いに矛盾・対立・衝突すること**もあり得ます。表2・5でいえば、③の「社会を支える」ことが①の「使命」とはなかなか感じられないということは現実に起こり得ることでしょう。その場合、「あなたは仕事に何を求めるか？」といった発問によって、それぞれの意味、成立条件のメリットとデメリット（効用）や目的について議論することもできるでしょう。

3 教材の読み方Ｂ：複数の価値観の重みの違いを読み解く

先ほど、「雨のバスていりゅう所で」の例を出しましたが、この教材に「マナーや公徳を大切にしましょう」というメッセージだけを読み取るならば、29頁の表2・1の②の「価値非実現・心理葛藤型」ということになります。しかし、「③価値葛藤型（ひとつの道徳的価値）」として読むこともできます。そのように読むためには、教師が道徳的価値の意味を**多面的**に把握しておく必要があります。

小3～小4の「規則の尊重」の内容項目は、「約束や社会のきまりの意義を理解し、それらを守ること」となっています。では、雨の日に、通常並ぶ場所ではなく、たばこ屋さんの軒下に並んで待つことは「きまり」といえるのでしょうか。そう考えながら、『小学校解説』「内容項目の指導の観点」の「指導の要点」の「第3学年及び第4学年」を読むと、「社会生活の中において守るべき公徳」という記述があります。この記述をふ

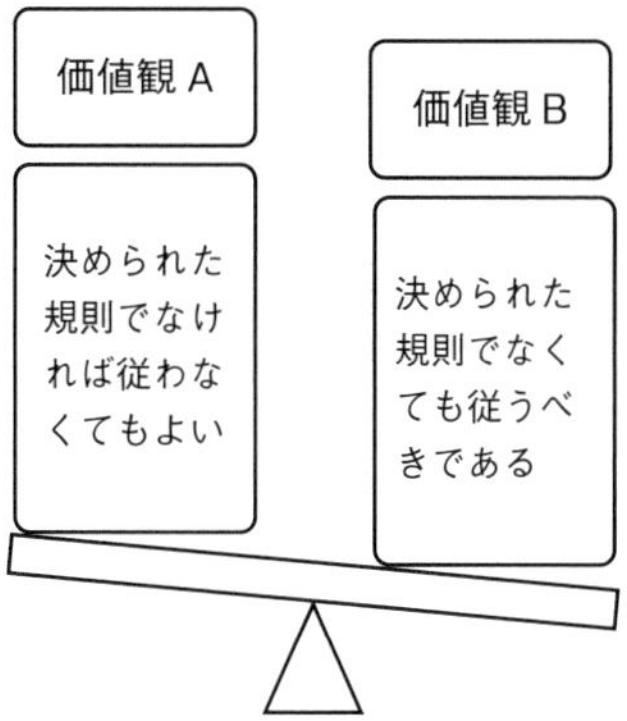
価値観 A
決められた規則でなければ従わなくてもよい
価値観 B
決められた規則でなくても従うべきである

図2・1　複数の価値観の重みを比べる

まえると、雨の日にたばこ屋さんの軒下に並んで待つことは、書かれた規則または決められた規則ではなく、「公徳」つまり「社会生活をするうえで守るべき道徳」なのだととらえることができます。いいかえれば、「公徳」とは、書かれた規則または決められた規則では必ずしもないということです。ここから、「決められた規則でなくても従うべきである」という考え方と「決められた規則でなければ従わなくてもよい」という対立する価値観を導き出すことができます。この場合、「決められた規則でなくても従うべきである」という価値観のほうが「公徳」の意味としては正しいのかもしれません。つまり、ふたつの価値観を比べた場合、「決められた規則でなくても従うべきである」という価値観のほうに、一般的には「**重み**」があるといえるのかもしれません（☞図2・1）。しかし、それでも、この「重み」についてどう考えるかという価値判断は児童生徒の間で多様でしょう。そこで、あえて「決められた規則でなくても従うべきである」という価値観と「決められた規則でなければ従わなくてもよい」という価値観を対比させることで、児童生徒の価値理解を深めようとするわけです。こうした教材の読み方を「B：複数の価値観の重みの違いを読み解く」とよぶことにします。

もちろん、今述べたような道徳的価値の意味、成立条件の把握の仕方が唯一の正解というわけではありません。ほかにも、成文法と不文法の違い、制定法と慣習法の違い、ルールとマナーの違いととらえることもできます。しかし、いずれにしても、道徳的価値の意味の違いを把握しておくと、「よし子さんのしたことをどう思う？」とか、「よし子さんのしたことはよくないことだったの？」といった**批判的発問**をし[1]、児童生徒に賛否を問うことができます。ただし、こうした二項対立的な賛否の議論は、対立そのものが目的ではなく、議論をとおして児童生徒の価値理解を多面的な見方へと広げ、深めることが目的であることには留意しておくべきでしょう。

仮に、このような重みの違う道徳的価値の意味、成立条件が含まれておらず、ひとつの道徳的価値の意味、成立条件しか含まれていないとしても、重みの視点をもつことで、**教材に書かれていない道徳的価値の意味、成立条件を組み込んで発問をつくる**ことができます。教材に描かれている状況と描かれていない状況を意図的に比較させることで、価値理解を深めるのです。たとえば、「主人公が、相手にわからないようにして○○をしてあげた」ことが描かれている教材だとします。つまり、「重荷にならないように配慮された思いやり」が描かれているわけです。この場合、「○○してあげた」行為は教材に書かれていますが、「○○してあげたよ」と相手に自分の行為を知らせるせりふは本文には書かれていないとします。そのとき、「○○してあげたよ」と相手に伝えていたとしたら、どう思う？」などという批判的発問をし、議論させることができます。このように、重みの違う価値観を比較するという指導方法を知っておくと、登場人物の心情理解にとどまることなく、道徳的価値について多面的に考える学習が可能になります。

資料2・2

（「第3章　特別の教科　道徳」の「第3　指導計画の作成と内容の取扱い」の２）

(2) 道徳科が学校の教育活動全体を通じて行う道徳教育の要としての役割を果たすことができるよう，計画的・発展的な指導を行うこと。特に，各教科，外国語活動，総合的な学習の時間及び特別活動における道徳教育としては取り扱う機会が十分でない内容項目に関わる指導を補うことや，児童や学校の実態等を踏まえて指導をより一層深めること，**内容項目の相互の関連を捉え直したり発展させたりすること**に留意すること。（『小学校解説』p.89，『中学校解説』p.88）（太字は筆者）

「B：複数の価値観の重みの違いを読み解く」という場合の複数の価値観とは，「雨のバスていりゅう所で」のように，「規則の尊重」というひとつの内容項目のなかの複数の価値観であるとは限りません。**複数の内容項目の間に対立・衝突がある場合**もあります。この場合，教材類型としては，29頁の表2・1の「④価値葛藤型（複数の道徳的価値）」として読めるということです。

資料2・2のように，現在の『学習指導要領』では，複数の内容項目を関連させる指導が禁止されているわけではありません。それどころか，「**内容項目の相互の関連を捉え直したり発展させたりすること**」が推奨されているのです。それゆえ，「規則の尊重」と「寛容」の対立について考えさせる授業があってもよいわけです。たとえば，「ブランコ乗りとピエロ」（学研・小6）がそうです。では，個々の道徳的価値の理解を深める授業と，複数の道徳的価値相互の関連や，複数の道徳的価値同士の対立・衝突を扱う授業では，どちらがすぐれているのでしょうか。これについては，教材そのものの性質や児童生徒の実態によるところが大きく，どちらが絶対にすぐれているということはありません。ただし，むやみやたらに複数の道徳的価値を関連させてしまうと，一つひとつの道徳的価値の理解が浅くなってしまう危険性もあります。

そうした危険性はたしかにありますが、複数の道徳的価値相互の関連や、複数の道徳的価値同士の対立・衝突を扱うことによって、道徳的判断力を育むことにつながるといえます。なぜなら、ふたつの道徳的価値を関連させたり、対立・衝突させたりすることで、ひとつの道徳的価値を適用する対象・相手・方法・時などを判断することになるからです。つまり、第1章5節で提唱した「**再特殊化**」の学習です。たとえば「規則の尊重」と「寛容」を対立させるならば、「どんなルール違反ならば許せるのか?」と問うことで、許せる規則違反と許せない規則違反の違いについて、規則違反の「**対象**」の違いについて考えることができます。

もちろん、こうした価値判断は児童生徒によって多様でしょう。価値判断が多様になることは「学習の個性化」につながるといってよいでしょう。しかし、同時に、「再特殊化」の学習は、一般的な価値理解(道徳的価値の意味、成立条件などの理解)の学習を前提にすべきであることはいうまでもありません。

4 教材の読み方C:道徳的価値の意義(理由、効用・目的)を読み解く

11頁の図1・1に示したとおり、本書では、道徳的判断力の構成要素のうち、「A:道徳的価値の意味(内包・外延)、成立条件」に加えて「B:道徳的価値の意義(道徳的価値が大切な理由、道徳的価値の効用・目的)」を「一般的な価値理解」としています。教材を読む際にも、登場人物の行為や考え方の理由や効用・目的を考えながら読むとよいでしょう。

まず、「**理由**」です。「フィンガーボール」（日文・小4）であれば、「なぜ女王さまはフィンガーボールの水を飲んだのか」と理由を考えることができます。これは、そのまま発問としても活用できます。そうすると、「お客さまに恥をかかせたくないから」といった答えが児童生徒から出てくるでしょう。これは、「相手に対して敬愛する気持ち」（『小学校解説』）という道徳的価値の意味の理解につながります。

登場人物の行為の理由を問うだけでなく、道徳的価値が大切である理由を直接問うことも、内容項目によっては道徳的価値の「意義」を理解することにつながります。たとえば、「規則の尊重」では、「きまりを守ることはなぜ大切か」、「きまりはなぜあるのか」と問うことができます。

次に、「**効用・目的**」です。「効用」には、「**結果・帰結**」と「**成長・変化**」が含まれます。それに加えて、「効用」には、たとえば「きまりは何のためにあるのか」という「**目的**」も含まれます。ところで、「結果・帰結」は短期的な結果であり、「成長・変化」は長期的な結果であると考えてもよいでしょう。道徳的価値は「それ自体として大切なものである」と考えがちな日本の道徳授業において、「効用」を問うことは「他律的」な考えであるとして忌避される傾向にありました。しかし、内容項目によっては、道徳的価値の「効用」を考えることが道徳的価値の意義を理解することにつながるため、有効な手法だといえます。「節度、節制」や「努力」などでも、「節制（努力）するとどんなよいことがあるの？」と問うことで、節制（努力）することの意義を理解することができます。

この場合、「効用」として、短期的な「結果・帰結」だけでなく、「成長・変化」をあげていることには次のような意味があります。「節度を守り、節制に心がけると、どんなよいことがあるのか？」、「努力すると、どんなよいことがあるのか？」という問いは、たんにその時点で生じる結果だけでなく、児童生徒の未来の視点から考えると、児童生徒の表現自体は違う言葉であったとしても「自己実現」という「目的」が出てくるでしょう。たとえば、教材の物語から離れて、自己の生き方についての考えを深める問いとして、「なぜゲームをしたいのに、宿題をしたほうがよいのだろう？」などと問えば、「節度、節制」や「努力」をするのは、将来の自己実現のためであるという理解に至る可能性もあります。

「効用」とは、要するにメリットのことです。ですから、たとえば、教材の登場人物がある行為をすることのメリットとデメリットを比較することで、価値理解を深めることができます。たとえば、「二通の手紙」（光村・中3）は、動物園の入園係の元さんが、入園終了時刻を過ぎてやってきたふたりのきょうだいを入れてあげたために、みんなでふたりを捜索しなければいけなくなり、結果的に元さんは「懲戒処分」を通告され、「はればれとした顔で」辞めていく話です。この教材で「入園終了時刻があることのメリットとデメリットは？」と問い、メリットとデメリットを黒板などで表にして比較します。そこから、入園終了時刻という「規則」があることの意義を考えることができます。すでに例にあげた「雨のバスていりゅう所で」でも、軒下で並んで待つことのメリットとデメリットを比較することで、「公徳」の意義を考えることができます。

5 教材の読み方D：「人間理解」の視点で読み解く

2節と3節では、教材を読んで、ひとつまたは複数の道徳的価値の意味、成立条件に焦点化することについ

表2・6　阻害条件と促進条件（村上 1973）

阻害条件	阻害条件には「対象条件」「他者条件」「社会条件」「自己条件」の4つがあるが，道徳教育において最も重要なのは「自己条件」の認識とその克服である。 ①「対象条件」とは，その価値の理想が高いあまりに，実現がむずかしいというように，価値そのものに付随する条件である。 ②「他者条件」とは，周囲の人が価値の実現を邪魔するといった人的な条件である。 ③「社会条件」とは，環境や社会が価値の実現を妨げる場合の社会的条件である。 ④「自己条件」とは，価値の実現を妨げる自己本人の性格的な条件である。無知や誤解や無理解・怠惰・打算・非力・受動性・無計画・気まぐれ・気おくれや恥ずかしさ・自己満足・行きなやみ・自信喪失・自暴自棄・絶望など。
促進条件	促進条件には以下のものがある。 自発性・強い興味・他人の援助や激励・強い意志・他人への信頼・明確な自己主張・善意・向上心・使命感・責任感・努力・創意工夫・自信・希望・高い理想・自己内省など。

て説明しました。3節では道徳的価値の複数の意味，成立条件が相互に対立・衝突し得ることを論じましたが，2節では道徳的価値の本質的な意味，成立条件を把握すべきだと論じました。この道徳的価値の本質的な意味，成立条件を，理想的な価値理解といいかえることもできるでしょう。しかし，人間は，理想的な価値理解をしたとしても，すぐさま実践できるわけではありません。むしろ，理想的な価値理解を実現できない人間の弱さを理解し，児童生徒一人ひとりがその弱さに向き合う必要があります。そこで，理想的な価値理解に加えて，人間の弱さや現実を理解する「**人間理解**」の視点をもって教材を読んでいく必要があります。

ただし，29頁の表2・1の「①価値実現型」の教材のように，教材によっては人間の弱さや現実が描かれておらず，理想的な価値理解だけが含まれている場合もあります。したがって，この「人間理解」の視点で読み解く方法がつねに使えるとは限りません。とはいえ，「②価値非実現・心理葛藤型」の教材に典型的にみられるように，多くの教材では人間の弱さや現実が描かれていますので，「人間理解」の

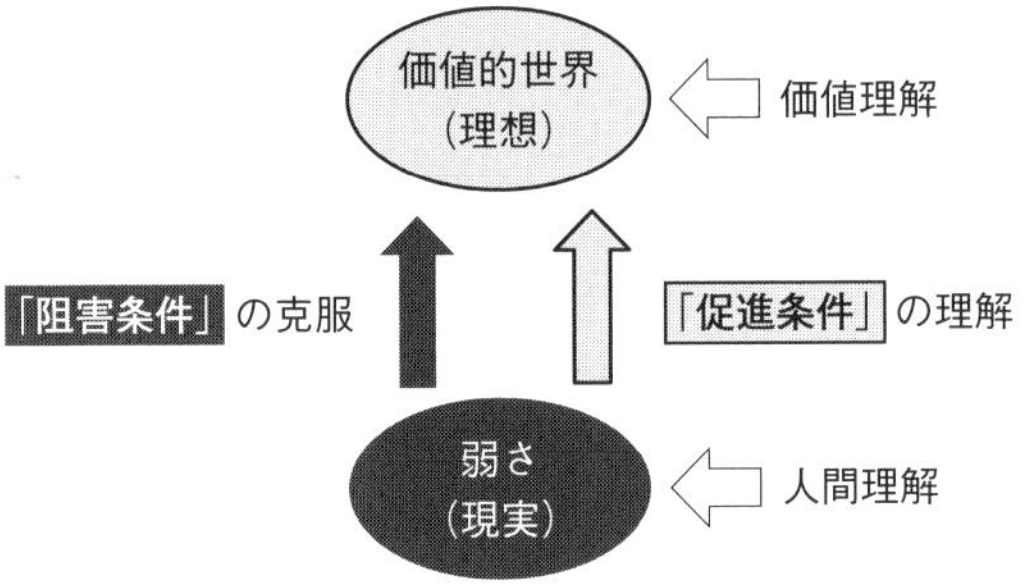

図2・2　価値理解と人間理解

視点で読むことは有効です。たとえば、「親切、思いやり」の内容項目であれば、教材に「容易に親切にできない人間」が描かれていることが多いでしょう。その場合、弱さや現実をとらえさせたうえで、「では、どうして親切にできないのか？」、「どうしたら親切になれるのか？」と発問することができます。なお、「親切、思いやり」などの道徳的価値の実現を妨げる条件を「**阻害条件**」、「親切、思いやり」などの道徳的価値の実現を促進する条件を「**促進条件**」とよびます（☞表2・6）。

たとえば、「木箱の中の鉛筆たち」（あかつき・中1）では、「努力を挫くものは何だろう？」（阻害条件）、「努力できるために、必要な心構えは何だろう？」（促進条件）と問うています。「努力が大切」であることは児童生徒にとっても「わかりきったこと」ですので、努力の促進条件と阻害条件について考えたいわけです。

この促進条件や阻害条件を問うことには、次のような意義があります。道徳授業で理想的な価値理解をしたとしても、実行できないから意味がないという批判があります。というのは、「大切なことはわかっていても、できない」ことがあるからです。こうした批判にこたえて、実効性のある道徳授業にするためには、道徳

表2・7　永田繁雄（2019）の「発問の立ち位置・4区分」をアレンジした発問
（髙宮 2020）

A　共感的発問	・Aさんはどんなことを思っているだろう？
B　分析的発問	・Aさんが〇〇したのはなぜ？
C　投影的発問	・自分（あなた）だったら〇〇どう考える？ ・自分（あなた）がAさんだったら〇〇どう考える？ ・自分（あなた）だったらどうする？ ・自分（あなた）がAさんだったらどうする？
D　批判的発問	・Aさんのことをどう思う？ ・Aさんは〇〇してよかった？　よくなかった？
E　投影的＋批判的発問	・自分（あなた）だったら，〇〇する？　しない？ ・自分（あなた）だったら，〇〇できる？　できない？

的価値の阻害条件や促進条件を理解しておく必要があります（図2・2）。

ただし、「人間理解」の視点で読み解くといっても、そこから、①登場人物の弱さをとらえる、②児童生徒本人の弱さをとらえる、というふたつの方向性があります。①の場合、「どうしてAさんは〇〇できなかったのだろう?」といった発問になります。②の場合、「あなただったら、〇〇できる?」（表2・7のE）、「できない」、「では、どうしてできないのだろう?」（阻害条件）、「では、どうしたらできるのだろう?」（促進条件）という展開が可能です。

なお、「あなただったら、〇〇できる?」という発問については、児童生徒が「できない」とは答えづらいので、しないほうがよいという意見もあります。たしかにそうなのですが、「できない」と無理矢理答えさせる必要はなく、児童生徒が自問自答すればよいのです。児童生徒の代わりに、「先生もなかなかできないかな」などと言って、道徳的価値の実現のむずかしさを認め、そのうえで、阻害条件や促進条件の問いにつなげることもできます。

6 教材の読み方E：教材で描かれている状況の条件を変える（条件変更）

「E：教材で描かれている状況の条件を変える（条件変更）」は、11頁の図1・1で示した道徳的判断力の構成要素のうち、「C：個別の状況下（特定の対象・相手・方法・時）での価値理解の適用の是非・あり方など」を問うためのものです。

この読み方では、教材のなかで描かれている設定や条件を変えることによって、対象・相手・方法・時などの違いに応じた価値判断を問います。それによって、教材をとおして学んだ**一般的な価値理解**が別の条件のもとでもそのままあてはまるかどうかを考えます。つまり、第1章5節で論じた「問題場面の質的拡充」であり、「**再特殊化**」と名づけた学習活動です。

具体的には、「もし○○だったら？」と「**条件変更**」を行い、教材で描かれた状況や条件を変えてみます。たとえば、「この教材ではこの登場人物は○○の行為をしたが、もし△△というように、条件が違ったとしたらどうだろう？」と問います。

「森の絵」（日文・小5）では、えり子は学習発表会の舞台で女王役をやりたいと手をあげましたが、多数決でめぐみが女王役を演じることに決まってしまいます。えり子はめぐみのほうが自分よりもせりふがうまいことを認め、脇役の八月の精と道具係の担当になったものの、どこか仕事に身が入りません。しかし、「だれかがやらないと」といって熱心に刺繍係を務めている文男を見て、えり子はみんなのためにがんばるようになるという話です。「森の絵」は「集団生活の充実」という道徳的価値を扱った教材です。ですから、「集団の活動に積極的に参加し、集団の意義の気付き、自分の役割と責任を自覚」（『小学校解説』）するという道徳的価値の意味、成立条件に焦点化することになるでしょう。しかし、「自分の役割と責任を自覚」すべきだということは、「自分らしさを発揮」（『小学校解説』）すべきとする「個性の伸長」と衝突する可能性があります。そこで、「もしえり子がめぐみより自分のほうがうまいと思っていたとしたら、えり子はどうしたらよかっただろう？」というように、「条件変更」して問うてみます。それによって、「集団生活の充実」と「個性の伸長」が衝突する可能性に気づかせ、「集団生活の充実」という道徳的価値があてあまる範囲や条件について考えさせることができます。これは、「どのようなときに自分の役割と責任を自覚すべきか？」と考えることですから、集団生活を充実すべき「**時**」を見極める道徳的判断力を育むことにつながるでしょう。

「条件変更」を用いると、教材で学んだ一般的な価値理解を自分にあてはめるだけでなく、その価値理解があてはまる条件について考えることになります。そうなると、「○○の場合は正しいが、△△の場合は正しくない」といった議論になるかもしれません。従来の一部の道徳授業では、登場人物の心情や判断を共感的に理解することが重視されてきました。道徳的価値のよさや大切さは「心」で感じればよいというわけです。しかし、現行の道徳科の目標では「物事を（広い視野から ※中学校）多面的・多角的に考え」る学習活動が明記されました。このように、心情面での共感に加えて、知的に考えて判断すべきという側面もあるわけです。そのためには、「条件変更」を用いて、道徳的価値が「どんな対象について、どんな相手に対して、どんな方法で、どんな時に、どんな条件のもとであれば正しいのか」を多角的に分析したり、批判的に考えたりする必要があるのではないでしょうか。

7 教材の読み方F：個別の状況下（時処位）での価値理解の適用の是非・あり方を考える

この「F：個別の状況下（時処位）での価値理解の適用の是非・あり方を考える」読み方は、11頁の図1・1で示した道徳的判断力の構成要素のうち、「C：個別の状況下（特定の対象・相手・方法・時）での価値理解の適用の是非・あり方など」を問うためのものです。

このFの読み方は、教材そのものをどう読むかということではなく、教材に描かれた場面とは異なる場面を意図的に想起・提示する方法です。それによって、教材をとおして学んだ**一般的な価値理解**をその教材とは異なる場面に適用した場合に、「その価値理解を同じように適用できるかどうか」、あるいは、「その価値理解を適用するとしても、その場面に応じてどのような違いがあるのか」を考えられます。つまり、ひとつ前のEの読み方と同様、「**再特殊化**」と名づけた学習活動です。Eの読み方と異なる点は、Eが教材の設定や教材で描かれている条件を変えるのに対して、Fでは、教材から離れ、教材とは異なる場面を提示することによって、対象・相手・方法・時などの違いに応じた価値判断を問います。

第2章2節で、一定の一般的な価値理解を促すための教材に対して、「徳目主義」の名のもとに、「教材に描かれた特定の行為を正しいものとして教え込んでいる」という批判があることを述べました。この批判にはすでにこたえましたが、この批判は授業者が気をつけるべきことを、一面では正しく指摘しています。どういうことでしょうか。「手品師」を例にみていくこととしましょう。

「手品師」は「誠実」を主題とした教材ですが、そこでの「誠実」とは、「自分を偽らないこと」、「自己に対する忠実」などを意味します。この場合、手品師にとっては、「自分を偽らないこと」の表現が男の子との約束を選ぶことでした。しかし、場合によっては、大劇場に行くことが「誠実」である可能性もあります。それは、「自分を偽らないこと」、「うしろめたくないこと」が「誠実」の意味、成立条件であり、大劇場に行くことこそが「自分を偽らないこと」、「うしろめたくないこと」である可能性も、条件さえ異なればあり得るのです。手品師にとっては、男の子との約束を破ってまで大劇場に行くことが「自分を偽ること」、「うしろめたいこと」だと思えたからこそ、男の子との約束を選んだのです。

このように、教材に描かれた特定の具体的な価値判断・行為と、その前提にある一般的な価値理解の間にはズレがある可能性があります。いいかえれば、一般的な価値理解と特殊な行為の間には「距離」があり得るのです。たとえば、「友達と仲よくしましょう」という一般的な価値理解は同じであっても、「毎日連絡を取り合う友達関係」もあれば、「離れていても成り立つ友達関係」もあるように、道徳的価値が実現されるあり方は多様です。

実際、教材は、特定の条件や状況における特定の行為のあり方や考え方を示したものにすぎません（村上1973）。それゆえ、その特定の条件や状況のもとでは正しかったことも、条件や状況が変われば正しくなくなる可能性があります。そのため、教材に含まれている道徳的価値の意味、成立条件を理解することはもちろん大切ですが、その一方で、教材のなかだけにとどまっていては、応用が利かず、実践につながらないということになります。[2] このことを「資料止まり」（教科化した現在では「**教材止まり**」）（村上1973）といいます。

こうした「教材止まり」で終わらないように、「展開前段」で、教材に含まれている道徳的価値の一般的な意味、成立条件を理解したうえで、「展開後段」では、展開前段で学んだ一般的な価値理解を教材で描かれたものとは異なる対象・相手・方法・時などに適用する「再特殊化」の学習活動によって、道徳的判断力を育む必要があるといえます。

たとえば、「海と空：樫野の人々」（日文・中2）は、1890年に起きたエルトゥールル号遭難事件を扱った教材です。現在の和歌山県串本町にあたる大島村に住む樫野の人びとは、オスマン帝国の軍艦エルトゥールル号が遭難した際、その年は不漁で食料の蓄えもわずかだったにもかかわらず、浴衣などの衣類に加え、非常用の鶏すら供出して、トルコの生存者たちの救護に努めました。その後、約100年経った1985年、イラン・イラク戦争の折、テヘランに取り残された日本人に対して無差別攻撃が迫るなか、トルコ航空が救助を決断し、日本人は緊急脱出できました。この教材では、樫野の人びとが外国人であろうと「公平」に分け隔てなく助けたという「人類愛」、トルコ政府による「恩返し」、「『海と空』それが水平線で一つになっていた」という記述にも表れているように、日本とトルコの「連帯」と「友情」などについて多面的に考えられる教材です。しかし、史実に基づく感動的な物語ではあるものの、トルコ人の生命の危機という緊急事態を描いているため、生徒の日常生活には適用しづらい教材でもあります。いいかえれば、「では、この物語をふまえて、生徒自身がどう生きていくのか」ということにはつながりにくく、「**教材止まり**」になりがちな教材でもあるわけです。

そこで、展開前段をとおして学んだ「人類愛」の価値理解をふまえて、「では、日本に住む在留外国人とどのように共生していくのか」ということを児童生徒自身が主体的に判断できるようにするために、**質的拡充：再特殊化**の学習活動を組み込むことにします。たとえば、展開前段で生徒から出た考え方に応じて、「さっきは「助け合うことが大切」と言っていたが、どうして外国人増加に否定的な影響を懸念している人がいるのだろう？」や、「世界の人びとと共に歩むために、自分には何ができるのだろう？」などと問います。なお、この教材については、学習指導案の詳細を載せていますので、そちらをご覧ください。

【第2章 注】

▼1 「批判的発問」については、永田（2019）をご覧ください。

▼2 教材のなかで考えるだけでなく、教材と異なる場面についても考えることが「学習の転移」を促しやすいことについては、認知心理学の研究でも次のようにいわれています。「単一の文脈ではなく、複数の文脈の下で教える方が、抽象的な概念抽出され、転移が生じやすい」（米国学術研究推進会議 2002）。

第3章

問題追求的な学習

1 問題意識をもつ必要性

第2章では、6つの教材の読み方を説明してきました。しかし、あたりまえのことですが、教材の読み方というのは、あくまで教師の側の視点からみた手法にすぎません。そこで、第3章では、これまで教師の側からみてきた教材の読み方をふまえて、今度は、児童生徒の側に立って、授業をとおしてどんなことを考えるのか、または学習するのかを説明します。

児童生徒の「主体的・対話的で深い学び」の実現のためには、児童生徒の問題意識が必要です。「どういうこと？」、「どっちがよい？」などと、疑問やわからないという気持ちをもつことで問題意識が高まり、問題意識の高まりによって「主体的な学び」が生まれます。また、この問題意識があるからこそ「〇〇について友達と話してみたい」、「あなたはどう思う？」と思うようになり「対話的な学び」が生まれるのです。そして、主体的で対話的な学びに支えられ、「その考えがすてきだな」、「これから自分はこうしていきたい」という自己の生き方への考えが深まる、すなわち「深い学び」が実現されるのです。

児童生徒の問題意識を高めることは、第1章6節で述べた「学習の個性化」のための「課題の設定」にもかかわる重要なことでもあります。

2 最初に道徳的な問題を提示し、児童生徒の追求する過程を学習指導過程とする

従来の多くの道徳授業では、教材の場面ごとに気持ちを問い、本時の中心となる道徳的価値に到達しようとしてきました。しかし、本時の中心となる道徳的価値について話し合い、考える場面になったときには、授業時間は残りわずかとなってしまい、これからというところで終わってしまう――そんな授業となってしまうことも少なくなかったのではないでしょうか。

そこで、本書では学習指導過程にも着目します。どのように児童生徒の問題意識を高め、発問を配置し、考えを深めていくかが重要だと考えるからです。この点については、島（2020）も次のように述べています。

> 最近、授業の導入の段階で、子どもたちに「めあて」を示す授業が増えてきました。このことは、とても効果的なことだと考えます。
>
> これまでの道徳の時間は、ミステリーツアーでした。分かりそうで分からない方向に向かって授業が進み、そのうちに、「ああ、今日は友情についての授業なんだ……。それだったら。○○といったことを言っておけばいいか……」といったものでした。
>
> しかし、「主体的・対話的で深い学び」を目指す授業は、子どもたちが学びの主人公です。**授業の目的を主人公である子どもたちが分かっているかどうかは、大事なこと**です。それを示すのが、「め

あて」です。ただし、「めあて」は、道徳の内容を漠然と示すものと、「問い」として示すものがあります。例えば、前者は「規則について考えよう」というものです。後者は、「規則を守ることは、なぜ大切なのだろう」というものです。後者のほうが、子どもたちが何を考えるのかが分かります。そして、課題意識をもって臨むことができます。（太字は筆者）

本書で提案する「問題追求的な学習」の学習指導過程では、導入の時点で、主題である道徳的な問題に関する「学習問題」を提示します。つまり、島がいう「問い」を最初に示すのです。学習問題を授業の導入で示すことによって、児童生徒が主体的に考えることが可能になるため、「主体的な学び」を促す指導方法となります。

本書が提案する学習指導過程では、最初に学習問題として、授業をとおして考えていく主題を示します。そして、その学習問題を教材をもとにした「中心的な発問」をとおして追求し、最後に再び、導入で示した学習問題に戻ってきます。このように、学習問題で授業のはじめと終わりをはさむことで、授業全体に統一感が生み出されます。

3 「問題追求的な学習」とは

「問題追求的な学習」は、道徳的な問題を追求することをとおして価値理解を深めることを目的としています。

表3・1　問題意識を生むフィールド（永田 2016）

①生活テーマ	身近な生活をフィールドとした問題意識	(例)・自分はなぜ○○ができないのか ・自分たちが○○するのはなぜか など
②社会テーマ	広く社会的な課題にかかわる問題意識	(例)・このニュースのもつ問題は何か ・このデータはなぜ○○なのか など
③教材テーマ	教材のなかからの問題意識	(例)・主人公はなぜそのようにしたのか ・この話で伝えたいことは何か など
④価値テーマ	道徳的価値に直接かかわる問題意識	(例)・○○の心はなぜあたたかいのか ・○○（価値）のよさは何だろう など

では、問題追求的な学習における「問題」とは、具体的にどのようなことをさすのでしょうか。永田（2016）は「問題意識を生むフィールド」として4つのテーマ群を示しています（☞表3・1）。

では、以上の4つのテーマを、学習指導過程としてどのように構成したらよいのでしょうか。学習指導過程としては、「学習問題」、「中心的な発問」、「追発問」について、以下のようにとらえることにします（☞表3・2）。

導入では、児童生徒の問題意識を高め、教師が考える主題に重ねて、「学習問題」を設定します。展開では、教材の範読後、子どもの心に残ったことや学習問題に対する最初の考え方を聞き、「中心的な発問」を設定します。子どもの追求過程を大事にして、子どもの反応に沿いながら、多様な「追発問」をしていきます。中心的な発問で児童生徒一人ひとりの価値観を引き出し、価値理解を深め、追発問によって子どもと教材との「隔たり」や「距離」を埋めていきます。終末では、学習問題について、考えをもったり、話し合ったりすることで、児童生徒一人ひとりが自分なりの納得解をもてるように促します。

21頁で示した表1・4「学習指導過程における学習活動のモデ

表3・2　学習指導過程

学習問題	1時間をとおして追求していく課題。児童生徒の価値観や生き方に直接的にかかわる課題。学習をとおしてもった納得解が児童生徒の生活に生かせるような課題。「問題意識を生むフィールド」（永田 2016）でいう「価値テーマ」を中心に「生活テーマ」に関連づけて，児童生徒の生活と教材との関連で設定する。
中心的な発問	教材に描かれた状況における道徳的な問題，または，テーマへの考えを深めていくために多様で広い価値観が引き出されるような課題。授業の展開部分で追求していく。「問題意識を生むフィールド」（永田 2016）でいう「教材テーマ」を位置づける。
追発問	中心的な発問について考えることによって，深めた価値理解をもとにして，その価値理解の適用・発展・拡大を促す発問。教材の限定された特殊場面をとおして学んだ価値理解を自分自身の生活に適用して考える発問。

ル」に照らして考えると、中心的な発問について話し合う展開前段において、教材の特殊な場面について考えながら「抽象化」することで、一般的な価値理解を獲得できるようにします。そして、追発問によって考えを深める展開後段において、問題場面の転移と拡充（量的拡大）、問題場面の転移と拡充（質的拡充・再特殊化）、自己との対話（自己化）を促していきます。

4 「中心的な発問」と「追発問」は、「拡散」と「焦点化」のイメージ

「中心的な発問」には、一人ひとりの考え方や多様な価値観が引き出され、話し合いがふくらみ、拡散的な思考が促されるような発問を設定することが望ましいでしょう。

たとえば「かぼちゃのつる」では、「中心的な発

問」として「かぼちゃは、どこまでつるを伸ばしてよかったのか?」と問い、「①伸ばしてはいけない」、「②かぼちゃの畑のなかだけ伸ばしてよい」、「③少しだけ畑を出て蜂や蝶のところまで伸ばしてよい」、「④すいかの畑まで伸ばしてよい」、「⑤子犬やみんなの通る道まで伸ばしてよい」、「⑥どこまでもぐんぐん伸ばしてよい」と選択肢を示し、自分の考え方を表出させます。中心的な発問によって、多様な考え方や価値観が表出され、児童の思考が**拡散**された状態を経て、「追発問」によってさらに話し合っていくことで児童の思考を**焦点化**していきます。追発問では、「もし、トラックが来なければ(痛い目にあわなければ)、どこまでも伸ばしてよかったのか?」と、「教材で描かれている状況の条件を変える(条件変更)」ような発問を設定し、状況に応じた自律的な判断のよさとむずかしさについて考えられるようにします。「学習問題」である「わがままって、どういうこと?」(価値の意味、成立条件)について、中心的な発問と追発問によって、のびのびとつるを伸ばすことと相手に迷惑をかけないようがまんすることのバランスを考え、どこからが「わがまま」になるのかを児童とともに探っていきます。

「問題追求的な学習」では、中心的な発問によって児童生徒の考えを拡散し、追発問によって話し合いを焦点化していくことによって、学習問題を追求していきます。

5 ねらいの立て方

ねらいの表し方や考え方はさまざまです。ねらいと授業が一体となった表し方が理想だと考えます。「問題追求的な学習」においては、「学習問題」と「中心的な発問」や「追発問」などの学習活動を明確にして授業案を考えます。そこで、ねらいにも、学習問題と中心的な発問や追発問といった学習活動をとおして、道徳的な判断力を育むことを記述します。

本書の学習指導案では、①「(中心的な発問)を話し合い」、②「(学習問題)を考えることをとおして」、③「○○を見極める道徳的判断力を育む」という3つの要素でねらいを構成しています。

6 児童生徒の言葉をつなげ、柔軟に展開する

「問題追求的な学習」では、教師の考える学習指導過程と児童生徒の**問題意識を重ねる**ことを重視し、教師と児童生徒が協働して授業の展開をつくり上げることを大切にしています。場合によっては、教師が用意していたものを変更してでも子どもとともに柔軟に授業を展開することもあり得るでしょう。

たとえば、「フィンガーボール」では、「フィンガーボールの水を飲むことは礼儀に反している」という考え方が多く出された場合、「真の礼儀とは心と形が一体になったものである」という方向に無理やりもっていこうとするのではなく、「相手の人格を尊重するためには、礼儀作法に反することも許される」（礼儀作法の例外）という価値判断に到達する可能性も考慮しておく必要があります。つまり、特定の価値理解に誘導するよりも、**児童の反応に応じて柔軟に**授業を展開できるように工夫していくことが大切だと考えます。

導入で「学習問題」を設定し提示しますが、ただ提示すればよいということではありません。現時点でもっている考え方とほかの人と考え方が違うことに気づいたり、自己の経験を想起し場面の拡大をしたりして、教師の用意していた学習問題と児童生徒の問題意識を重ねていきます。また、教材の範読後、子どもの心に残ったことや学習問題に対する最初の考え方を聞くのも、児童生徒の発言から「中心的な発問」を設定するためです。大切なことは、子どもが話していることの意味をしっかりと受け取ることができるように、**よく聴く**ということです。「追発問」をしていくときも、子どもの思考や発言に沿って、授業を展開していくことを心がけます。子どもの発言を聴いて、「……という発言があったけれど、○○については、どう思う？」などとつないで、学級全体に返していくのもよいでしょう。

表3・3 「はしの上のおおかみ」（学研・小1）学習指導過程

(1) ねらい	どうしておおかみがいじわるを反省し，やさしくすることの喜びに気づいたのかを話し合い，どうしたらやさしい気持ちをもてるのかを考えることをとおして，ほかの人にやさしくすべきときを見極める道徳的判断力を育む。	
(2) 問題追求的な学習の学習指導過程	☆学習問題	どうしたら，やさしい気持ちをもてるだろう？【変容】
	◎中心的な発問	どうして，おおかみはやさしい気持ちになったのだろう？【変容】
	◇追発問	◇もし，くまさんがやさしくなかったら？【条件変更】 ◇年下の子がブランコの前で待っているとき，自分だったらどうする？　どうして，そうするの？【量的拡大】

7 「問題追求的な学習」の学習指導過程の例

「はしの上のおおかみ」（学研・小1）を例にあげて、問題追求的な学習の学習指導過程を説明すると、表3・3のようになります。

導入では、おおかみがうさぎにいじわるをしている場面絵を見せ、児童が自然に教材と自分の生活とを重ねるようにしながら、本時全体をとおした「学習問題」、「どうしたら、やさしい気持ちをもてるだろう?」を設定します。

展開では、教材の範読後、子どもの心に残ったことを聞き、「中心的な発問」として、「どうして、おおかみはやさしい気持ちになったのだろう?」を設定します。中心的な発問では、いじわるで傲慢だったおおかみがくまから親切にされてうれしくなった変容を考えます。そのうえで、「もし、くまさんがやさしくなかったら?」と教材で描かれている状況の条件を変える「追発問」をします（**条件変更**）。この発問によって、「やさしさがやさしさを生む」という「抽象化」された価値理解を引き出します。

展開後段での「年下の子がブランコの前で待っているとき、自分だったらどうする？　どうして、そうするの？」という追発問は、展開前段で学んだ一般的な価値理解を、教材とは異なる状況に適用することをめざすもので、自分がどんな場面でやさしくできるかを類似した場面に適用し、**量的拡大**を促します。

これらの学習指導過程をとおして、導入で提示した学習問題「どうしたら、やさしい気持ちをもてるだろう？」について追求し、児童生徒一人ひとりが自分なりの納得解をもてるようにします。

第4章

「学習問題」の設定と発問づくりの手法

第3章では、「問題追求的な学習」という学習指導過程を、「学習問題」、学習問題を教材の特殊な場面をとおして問う「中心的な発問」、および「追発問」で構成することを説明しました。第4章では、学習問題と中心的な発問、追発問をどのようにつくったらよいのかをみていきましょう。

最初に、学習問題と中心的な発問をつくる5つの視点を、本書の巻末に掲載している学習指導案を例に説明していきます。次に、追発問をつくる12の視点を説明します。

1 児童生徒の価値観を引き出し、広げ、深める「学習問題」と「中心的な発問」をつくる5つの視点

まず、重要なこととして、「学習問題」については、教材の特殊な場面をとおして考えるので、表3・1（☞63頁）でいうところの④価値テーマと③教材テーマのふたつは関連している必要があります（☞表4・1）。

Ⅰ：価値の意味、成立条件

第一に、道徳的価値の意味、成立条件（これ以降、「価値の意味、成立条件」と略します）に焦点化して学習問題や発問をつくる視点です。

「うばわれた自由」を例に説明します。小学校の内容項目は「善悪の判断、自律、自由と責任」となってい

表4・1 「学習問題」と「中心的な発問」をつくる5つの視点

5つの視点	学習問題の例	中心的な発問の例
Ⅰ：価値の意味，成立条件	・親切とは何か？ ・親切とは何ではないか？ ・親切であるためにはどんなことが必要か？ ・どんな場合に親切といえるのか？	・〇〇（登場人物）の親切なところはどんなところだろう？ ・〇〇（登場人物）が親切であるためにはどんなことが必要か？ ・〇〇（登場人物）はどうして親切といえるのか？
Ⅱ：変 容	・どうしたら親切にできるようになるのだろう？	・〇〇（登場人物）は，何が変わったの？ ・最初の〇〇と最後の〇〇では，どう違う？
Ⅲ：比 較	・自由と自分勝手では，何が違うのだろう？ ・仲間と友達の似ているところは，どんなところだろう？	・〇〇（登場人物）と◇◇（登場人物）の考え方には，どんな違いがある？
Ⅳ：価値の理由，効用・目的	・なぜ親切にすることは大切なのか？ ・努力するとどんなよいことがある？ ・努力しないとどうなる？ ・努力するのは何のため？	・なぜ〇〇（登場人物）は，〜をしたの？ ・〇〇（登場人物）は，〜をしてどんなよいことがあった？
Ⅴ：価値判断	・どうAとBを大事にしていけばよいのだろう？ ・AとBのバランスは，どうしていけばよいのだろう？ ・Aの考え方とBの考え方ではどちらのほうがよいと思う？ ・どの選択肢が一番よいと思う？	・あなただったらどうする？ ・〇〇（登場人物）はどこまでしてよかったの？ ・どちらのほうがよい友達だと思う？

ますが、この教材では「自由」という道徳的価値に焦点化することがふさわしいでしょう。

教材の詳しい読み方については、本書の学習指導案をご覧ください。「自由」と「自分勝手」が異なるということは、児童も教材を一読すれば容易に理解できるでしょう。しかし、自分の都合できまりを破る自由は「ほかの人の自由と両立しない」ということは、児童にとってはそれほど容易に理解できることではないでしょう。そこで、自由について「わかりきったこと」を言わせたり書かせたりするのではなく、自由についての**多面的**な考え方を可能にするために、「ほかの人の自由と両立する自由」や、それ以外にも「ほかの人に配慮した自由」などを一定の「**目安**」として把握することにします。「ほかの人の自由と両立する自由」は、自由の「意味」というよりも、「どんな場合に真の自由といえるのか」という自由の「成立条件」ととらえるのがふさわしいでしょう。そこで、自由という「価値の意味、成立条件」に焦点化して発問をつくることにします。この授業では、あとに述べる「Ⅲ：比較」を用いて「ジェラールとガリューの自由に対する考え方にはどんな違いがあるか？」という問いを中心的な発問として設定します。そのうえで、「ガリューのいう本当の自由とは、どんな自由なのか？」と「価値の意味、成立条件」を問います。

展開前段で自由の「成立条件」について考えたうえで、展開後段では児童が具体的な生活場面を想像し、その自由の成立条件についての理解を自分の生活に適用して考えることができるようにします。そこで、学習問題は、「どんな自由を実現していくか？」と設定します。この学習問題の意図は、自由の成立条件を理解したうえで、その自由の成立条件を児童が自分の生活場面と照らし合わせて考えることができるようにすることです。

Ⅱ：変容

第二に、変容に焦点化して学習問題や発問をつくる視点です。変容というのは、教材の登場人物の変容のことをさします。ですので、道徳的価値の意味、成立条件などを把握していなくても、教材の登場人物が物語の途中で変容しているかどうかという視点から教材を読み、その変容をそのまま活用して中心的な発問をつくることができます。

たとえば、「はしの上のおおかみ」の場合、意地悪をしていたオオカミがくまを見習ってやさしくするように変容した話です。ですので、中心的な発問は、「どうして、おおかみはやさしい気持ちになったのだろう？」としています。そして、学習問題も、変容をそのまま活用する形で、「どうしたら、やさしい気持ちをもてるのだろう？」とします。これは「Ⅱ：変容」を問う学習問題となります。

一方、「森の絵」は、学習発表会でやりたくない担当になってしまい、最初は身が入らなかったのですが、最後は学級という集団のために貢献しようとする話です。ですので、教材の登場人物が物語の途中で変容しているため、中心的な発問では、そのまま「えり子は、どう変わったの？」と問います。しかし、表0・1（☞vi頁）「**E：教材で描かれている状況の条件を変える（条件変更）**」方法でこの教材を読むと、集団のなかでの「自分の役割と責任を自覚」するという「集団生活の充実」と、「自分らしい生活や生き方」を実現しようとする「個性の伸長」が**緊張関係**にあることがわかります。そこで、学習問題は、「どう「みんな」と「自分」を大事にすればよいだろう？」とし、道徳的価値同士の対立・衝突、すなわち「価値葛藤」について考える授業とします。

このように、教材の登場人物の変容をそのまま学習問題とすることも可能ではありますが、そうではなく、教材の登場人物の変容について中心的な発問で問うことと、学習問題として考えることを切り分けることもできるでしょう。

Ⅲ：比較

第三に、比較に焦点化して学習問題や発問をつくる視点です。比較という視点は、教材の登場人物が物語内で変容していない場合にも活用できるので、汎用性が高い視点です。

教材のなかに登場人物が複数登場する場合には、個々の登場人物の考え方や行為を比較することができます。また、道徳的価値について、「勇気と向こう見ずはどう違うのか」などと比較することもできます。とはいえ、教材の登場人物の考え方や行為のなかに、ある道徳的価値が実現されたあり方と実現されていないあり方が表れていることが多いので、登場人物を比較することが多くなるでしょう。たとえば、すでに例としてあげた「うばわれた自由」では、「ジェラールとガリューの自由に対する考え方にはどんな違いがあるか？」という問いを中心的な発問としています。

ただし、留意すべきこととして、比較すること自体は思考方法ですので、中心的な発問としては活用しやすいのですが、そのままでは学習問題にはなりにくいということがあります。

Ⅳ：価値の理由、効用・目的

第四に、道徳的価値の理由、効用・目的（これ以降、「価値の理由、効用・目的」と略します）に焦点化して学習問題や発問をつくる視点です。「理由」、「効用」、「目的」の意味については、すでに述べたので、くり返しません。第1章の図1・1（☞11頁）に示したとおり、「理由」、「効用」、「目的」の3つを合わせて「**意**

義」とよぶことができます。

小学校5・6年生の少数の内容項目と中学校の多くの内容項目では、内容項目の文章のなかに「意義」という言葉がみられます。中学校の内容項目だけを例示するならば、「礼儀の意義を理解し」、「法やきまりの意義を理解し」、「勤労の尊さや意義を理解し」、「自然環境を大切にすることの意義を理解し」などです。このことから、「礼儀は何のためにあるのか」、「きまりは何のためにあるのか」、「なぜ働くのか」、「なぜ自然環境を守ることは大切なのか」といったことを学習問題に設定することが望まれているといえます。それ以外の内容項目でも、たとえば「努力することはなぜ大切なのか」といった学習問題を設定することができます。

「雨のバスていりゅう所で」では、「マナーは、何のためにあるの？」とマナーの目的を考えることを学習問題として設定しています。

Ⅴ：価値判断

第五に、価値判断を活用して学習問題や発問をつくる視点です。本書では、価値理解と価値判断を一貫して区別してきました。**価値理解**とは、価値の意味、成立条件や、価値の理由、効用・目的を理解することです。それゆえ、価値理解とは、ある程度客観的または第三者的に価値を理解することです。それに対して、**価値判断**とは、賛否、選択、選好など、価値および価値の適用のあり方に対する児童生徒の主体的な判断です。授業では、第三者的に価値理解をするだけでなく、主体的な価値判断を取り入れることで、児童生徒の主体的な学びを促すことができるといえます。

授業に児童生徒の価値判断を取り入れることは、さまざまな仕方で可能です。しかし、本書の学習指導案では、おもに次のふたつの目的のために価値判断を活用します。

①価値の意味、成立条件を引き出すための価値判断

第2章3節で述べた教材の読み方「**B：複数の価値観の重みの違いを読み解く**」と対応させる形で、「Aの価値観とBの価値観のどちらに賛成するか」と問うとき、AとBの両方の価値理解が想定されていることによって、ある道徳的価値について**多面的**な理解を深めることができます。

たとえば、「雨のバスていりゅう所で」では、「よし子さんのしたことをどう思うか?」と賛否を問うています。この場合、賛成するか、反対するかといった価値判断そのものが重要なのではありません。重要なことは、どちらを選択するとしても、両方の側に一定の価値理解が含まれており、その価値理解を引き出すことです。児童が「仕方ない」と答える場合には、その理由として「決まったルールはない（決められたルールだけ守ればよい）」という価値観が含まれています。他方、「よくない」と答える場合には、「決められたルールがなくても、マナーや公徳を守ることは大切だ」という価値観が含まれているわけです。このように両方の価値観を表明させることによって、規則やマナー、公徳についての多面的な価値理解を深めていくことができます。

「フィンガーボール」の場合も同様です。中心的な発問として、「フィンガーボールを使い方どおりに使うのと、水を飲むのとでは、どちらがよいことだと思うか?」と問い、選択をさせています。これも賛否そのものが重要なわけではありません。「A：フィンガーボールを使い方どおりに使うほうがよい」と答える場

合には、「形としての礼儀やマナーを守ることが大切だ」という価値観を表明していることになります。一方、「B：フィンガーボールの水を飲むほうがよい」と答える場合には、「お客さまに恥をかかせたくない」といったような「敬意が大切だ」という価値観を表明しているのです。こうした両方の価値観を表明させることによって、「礼儀とは何か」という礼儀の意味や、「礼儀を成り立たせるために必要なものは何か」という成立条件についての価値理解を深めていけるわけです。

②個別の状況下での価値の適用を問うための価値判断

児童生徒に価値判断をさせることは、**選択**させることで児童生徒の**主体的な学び**を促すという目的もあります。しかし、それ以上に、今述べた①の場合は、価値理解を引き出し、深めるために価値判断を活用することを目的としています。一方、これから述べる②の場合は、すでに学んだ一般的な価値理解を前提にしつつ、個別の状況下での価値判断を問います。その目的は、（1）価値理解と児童生徒本人の価値判断を照らし合わせることで、自己を見つめること（**自己化**）、（2）価値理解を個別の状況に適用することで、価値理解を児童生徒自身の実践につなげること（**再特殊化**）、です。もちろんいずれの目的も重要です。しかし、どんな対象について、だれに対して、どんな方法で、どんなときに、その価値理解をもとにした行為を実践すべきかを判断するための道徳的判断力を育みたいという本書の立場にとっては、（2）の再特殊化のほうがより重要だといえるでしょう。

「ブランコ乗りとピエロ」は、決められた演技の時間を超えて演技するサムに対して、ピエロや団員は最初その思いを理解することができませんが、ピエロは、サムの芸に対する真摯な思いや姿を目の当たりにすることによって、サムを許し、相互理解に至るという話です。しかし、「人間は、どんな相手に対しても、どんな罪でも許せるのか？　あるいは許すべきなのか？」と考えると、その答えは「否」かもしれません。たとえば、自分の子どもを誘拐する犯罪者を許せるでしょうか、あるいは許すべきでしょうか。また、こうした「許す・許さない」の価値判断は、人によって異なり、多様でもあるでしょう。

そこで、この授業では、「相互理解、寛容」についての一般的な価値理解と、その価値理解を個別の状況下に適用する場合の価値判断との「**距離**」を問題にすることにします。具体的には、「サムを受け入れられたのは、ピエロにどんな心があったからだろう？」という発問で、「相互理解、寛容」の成立条件の理解を促します。そのうえで、第1章3節の図1・1（☞11頁）の「C：個別の状況下（特定の対象・相手・方法・時）での価値理解の適用の是非・あり方など」を考えるために、「最初に聞いたみんなが許せないと思うときと、ピエロがサムを許せたときは何が違うの？　許せる・許せないは、どうやって見分ければよいの？」と問います。

この発問の意図は、先ほど考えた「相互理解、寛容」の成立条件を個別の状況下にそのまま適用できるかどうかを見極めさせることです。それにともなって、この授業の学習問題を「許せる・許せないって、どう決めるの？」とし、児童生徒の価値判断を問う形の学習問題とします。

2 「追発問」で価値理解を深めるための8つの視点と適用・発展・拡大を促す4つの視点

ここまで「学習問題」と「中心的な発問」のつくり方をみてきました。ここからは「追発問」のつくり方を説明していきます（☞表4・2）。

追発問をつくる12の視点の活用法については、巻末002頁の「教材と手法の対応表」および学習指導案として具体的に示します。なぜこれらの12の視点が出てくるのかということについては、ここまでの本文で説明してきたことからある程度推測していただけるかもしれません。しかし、これまでに説明していない新しい視点もあります。新しい視点については、より詳しく説明しておきましょう。

①自己を見つめる（自己への適用）

展開前段では、教材の登場人物に「自我関与」して考えることが多いでしょう。その際、発達段階にもよりますが、登場人物の心情や判断に自我関与しながら、同時に「自分はどうか」と自己を見つめることが多いでしょう。このように、自然と「**自己化**」、すなわち自己との対話ができているならば、わざわざ自己を見つめる追発問を取り入れる必要はありません。しかし、児童生徒が「他人事」として考えていると想定される場合には、「自分だったらできる？」、「自分だったらどうする？」などと意図的に自己を見つめる（自己へ

表4・2 「追発問」で価値理解を深めるための8つの視点と適用・発展・拡大を促す4つの視点

視　点	具体的な追発問例
①自己を見つめる（自己への適用）	・自分だったらできる？ ・自分はできている？ ・自分だったらどうする？
②比較対照	・○○と△△では，何が違うの？
③立場変更	・Ａさんの立場からではなく，Ｂさんの立場からしたら，どうだろう？
④効用（結果・帰結）・目的を比較	・もしそうしたら，どうなる？ ・もしそうしたら，どんなよいことがある？ ・そうするのは，何のため？ ・○○する場合と，しない場合を比較してみよう。
⑤効用（成長・変化）・目的を比較	・Aという考え方を信じるのと信じないのとでは，未来はどのように変わってくるだろう？ ・Bという考え方ではなく，Aという考え方を信じるのは，将来どんなふうになりたいからだろう？
⑥促進条件，阻害条件	・○○のために必要な心ってどんな心だろう？ ・○○をできなくしている（邪魔している）心は，何だろう？
⑦知識をふまえて価値理解を深める	・先生はこう思うけれど，どう思う？（**意見**） ・○○はこういう意味だけれど，どう思う？（**定義**） ・辞書には「○○」と書いてあるけど，どう思う？（**定義**） ・実は，このお話にはこういう事実・背景があってさ……。（**情報**） ・こういう科学的知識があるんだけど……。（**科学的知識**）
⑧考え方の整理分類からの価値判断	・このなかで一番納得できる考え方はどれ？
⑨問題場面の量的拡大（具体例）	・ほかに○○なことはない？ ・同じようなことはない？ ・△△という場面なら，どうする？
⑩価値理解の妥当性の範囲・限度，例外（反例）	・いつでも正しいの？　いつでもそういえる？ ・どこまでしていいの？ ・そうできないときってない？ ・○○ではなく△△という場面だったら，同じようにできる？
⑪教材で描かれている状況の条件を変える（条件変更）	・もしも○○でなかったら，そのままでよかった？ ・もしも○○ではなくて，△△だったら？
⑫教材とは異なる対象・相手・方法・時などに対する判断を問う	・○○ではなくて，△△だったら？ ・△△という場面だったら，どうする？

の適用）発問を取り入れることも有効だといえます。

②比較対照

比較対照とは、これまで述べてきた比較と同じことです。複数の登場人物の考え方や行為を比較したり、複数の道徳的価値の意味、成立条件などを比較したりする追発問です。

③立場変更

教材の主人公の立場で考えているときに、相手の立場や逆の立場になって考えることを促す追発問です。「親切、思いやり」や「友情」などの道徳的価値のように、人間相互のやりとりや行為について考える場合には有効な追発問です。「泣いた赤おに」（学研・小４）では、この立場変更を応用して、赤鬼と青鬼の両方の立場になって考える工夫として、**マトリクス図**を活用します。

④効用（結果・帰結）・目的を比較／⑤効用（成長・変化）・目的を比較

効用・目的については、第２章４節「**教材の読み方 C：道徳的価値の意義（理由、効用・目的）を読み解く**」で詳しく説明しました。「〇〇する場合と、しない場合を比較してみよう」などと効用（結果・帰結）を比較します。「⑤効用（成長・変化）・目的を比較」の場合、短期的な結果・帰結を問うのではなく、その行為の結果、将来がどう変わるのかを比較します。それによって、ある道徳的価値を含む行為の**意義**を考えることになります。

⑥促進条件、阻害条件

促進条件と阻害条件については、第2章5節「**教材の読み方 D：「人間理解」の視点で読み解く**」で詳しく説明しました。促進条件とは、ある道徳的価値の実現を促進する条件です。たとえば、「正直」であるためには「勇気」が必要であり、「個性の伸長」には「努力」が必要であるというように、道徳的価値相互の関連を理解させることにもつながります。阻害条件とは、道徳的価値の実現を妨げる条件です。促進条件と阻害条件のリストについては、49頁の表2・6をご覧ください。

⑦知識をふまえて価値理解を深める

道徳授業では価値理解を促すわけですが、価値理解といっても、その価値理解を「**知識**」とよぶことは通常ありません。その理由のひとつは、「**価値（当為：○○すべき）**」と「**事実**」を区別すべきだということがあります。というのも、「**事実から価値をただちに導き出すことはできない**」からです。たとえば、「嘘をつくべきではない」ということは道徳的に正しいことだとしても、現実には「嘘をつく人はいる」わけです[1]。

とはいえ、古代ギリシアの哲学者プラトンは、「善のイデア」を認識することこそを「確実な知識」とみなしていましたので、文明史的にみて、価値理解を「知識」とみなす時代や社会が存在しなかったわけではありません。しかし、近代社会になって以降、わたしたちは、実証的に検証可能な**科学的な知識**と、価値や「当為」にかかわる価値理解を明確に区別するようになりました。

それと同時に、道徳性には「**認知的側面**」、「**情緒的側面**」、「**行動的側面**」の3つの側面があるといわれます。[2] これらの3つの側面のうち、価値理解は「認知的側面」を前提にします。本書でも、道徳的価値の意味、成立条件や意義（理由、効用・目的）を知的に理解する授業を提案してきました。ですから、価値理解に認知的側面は不可欠なのですが、価値理解を「知識」とはよばないということです。[3]

> 指導の際には（…）本来**実感**を伴って理解すべき道徳的価値のよさや大切さを**観念的**に理解させたりする学習に終始することのないように配慮することが大切である。（『小学校解説』18頁、『中学校解説』15頁）（太字は筆者）

上記のとおり、『解説』では、道徳的価値のよさや大切さを「観念的に理解させ」る学習に「終始」しないように配慮すべきことが主張されています。しかし、「観念的に理解」するという記述をどのようにとらえるにせよ、価値理解には認知的側面があること、そして、その認知的側面の学習が禁止されているわけではないことは明らかです。

それゆえ、第一に、道徳的価値（「誠実」など）の国語辞典における**定義**をあえて示すことは、それを唯一の「正解」とみなすためではなく、その定義をふまえて「自己を見つめる」などの目的のためにはあってもよいと考えます。

先ほど、価値理解を「知識」とよばないことは、近代社会以降の通例になっていると述べました。しかし、「知識」というものは価値理解に限定されるわけではありません。つまり、第二に、価値理解や生き方についての考えを深めるためには、一定の**情報**が不可欠な場合もあります。たとえば、杉原千畝などの歴史的に実在する人物を扱う場合には、ナチスドイツに関する歴史的情報がなければ、**切実感**をもって考えることができないでしょう。もちろん、児童生徒が自己の生き方についての考えを深める道徳科の授業としては、そうした情報の伝達に過度に時間が費やされるべきではないことはいうまでもありません。そのため、道徳科の学習を社会科での学習と関連させるといった工夫が必要になるでしょう。

第三に、「生命の尊さ」や「自然愛護」などの内容項目について考える授業では、理科で扱う知識などの一定の**科学的知識**が価値理解を深めることにつながると考えられます。同様に、「公正、公平、社会正義」などの内容項目について考える授業では、社会科で学習する歴史上の差別事件などの情報が価値理解を深めることにつながるでしょう。

「卒業文集最後の二行」（学研・中3）の授業では、いじめが起きる原因について考える過程で、「ハロー効果」という科学的知識と「ブラック・ライブズ・マター」という社会運動の情報を伝達します。それらの知識をふまえて、いじめや差別を生み出す偏見やバイアスについての理解を深めることで、いじめにどう対処したらよいのかを見極める道徳的判断力を育むことをめざします。

⑧考え方の整理分類からの価値判断

展開前段では、教材について考えることをとおして道徳的価値についての多面的な考え方が出てくるでしょう。その後に、児童生徒一人ひとりが「級友が出してくれた考え方のなかで、どの考え方が一番よいか」を**主体的に選択**することで、児童生徒一人ひとりにとっての**納得解**を得ることをめざすための追発問です。

⑨問題場面の量的拡大（具体例）／⑩価値理解の妥当性の範囲・限度、例外（反例）／⑪教材で描かれている状況の条件を変える（条件変更）／⑫教材とは異なる対象・相手・方法・時などに対する判断を問う

第1章5節の表1・4「学習指導過程における学習活動のモデル」（☞21頁）で示した展開後段に照らして考えると、「⑨問題場面の量的拡大（具体例）」がそのまま「①**問題場面の転移と拡充（量的拡大）**」に該当します。一方、「⑩価値理解の妥当性の範囲・限度、例外（反例）」、「⑪教材で描かれている状況の条件を変える（条件変更）」、「⑫教材とは異なる対象・相手・方法・時などに対する判断を問う」の3つが「②**問題場面の転移と拡充（質的拡充）：再特殊化**」に該当します。

たとえば、「はしの上のおおかみ」では、「年下の子がブランコの前で待っているとき、自分だったらどうする？　どうして、そうする？」と追発問で問います。これは、展開前段で学んだ一般的な価値理解を、教材とは異なる状況に適用することをめざす発問です。ただし、これが「量的拡大」とされるのは、「質的拡充」とは異なり、**個別の状況の特殊性**を考えることをねらったものではないからです。

一方、「**再特殊化**」とは、展開前段で学習した一般的価値理解を、教材の場面とは対象・相手・方法・時などが異なる個別の状況に適用する場合の価値判断の是非や適用のあり方を問う学習活動です。第２章で述べた教材の読み方としては、「**E：教材で描かれている状況の条件を変える（条件変更）**」と「**F：個別の状況下（時処位）での価値理解の適用の是非・あり方を考える**」に対応します。

たとえば、「⑪教材で描かれている状況の条件を変える（条件変更）」を活用している授業として、「森の絵」をあげることができます。この教材をとおして展開前段は「みんなのために働く」などの一般的な価値理解を学ぶと想定します。しかし、展開後段では、追発問として、「みんなと一緒にしているときに自分が得意なことを主張するのはわがままかな？」と問います。これは、「みんなのために働く」ことがいつでも善いこと・正しいことといえるかどうかを見極めるためです。こうした「質的拡充」・「再特殊化」を行うことによって、「集団の生活の充実」と「個性の伸長」の**関連**や**対立・衝突**について考えることになります。

「⑫教材とは異なる対象・相手・方法・時などに対する判断を問う」追発問については、ここに書かれているとおり、**教材で描かれているものとは異なる対象・相手・方法・時**などについて問うことで、「質的拡充」、つまり「再特殊化」を図ります。たとえば、「海と空：樫野の人々」では、樫野の人びとは明治時代の人びとですが、展開前段で樫野の人びとがトルコの人びとを救護した行為をとおして価値理解を深めたのち、展開後段では現代のわたしたち日本人と日本に住む在留外国人という異なる人や時に置き換えて考えます。そのことで、展開前段で学んだ一般的な価値理解を、展開後段では個別の状況下に適用して考え、さまざまな状況下で適切に対処するための道徳的判断力を育むことをめざします。「ブランコ乗りとピエロ」で、「ピエロはサムを許したが、あなたがシャープペンシルを盗まれても許せるか？」などと問うのも「再特殊化」の例です。

「再特殊化」する場面は、児童生徒自身の日常生活の場面でもよいでしょう。「うばわれた自由」であれば、「子ども自身が求める自由と教材をとおして学んだ自由はどう違うのか?」と比較させることもできます。

本書では、この⑩〜⑫の「再特殊化」の学習活動を行うことで、「それぞれの場面において機に応じた道徳的行為が可能になる」ための道徳的判断力を育むことを提案してきました。具体的な「再特殊化」の方法については、巻末002頁の「教材と手法の対応表」の「追発問をつくる視点」の部分と学習指導案をご覧ください。

【第4章 注】

▼1 このことについては、前著で詳しく論じました(髙宮 2020)。

▼2 韓国では、「初等・中学校とも、認知的、情緒的、行動的な3つの側面から総合的な育成が目指されている点は共通している。いずれも「道徳的価値・徳目」の知識理解を踏まえた上で、体験的な活動により「判断力と実践意志」及び「道徳的感受性と道徳的判断力」等を向上させ、道徳的能力や習慣、態度を育成しようとしているのである」(関根 2013)。

▼3 イギリスの哲学者バーナード・ウィリアムズ(1929–2003)は、「超伝統社会」の人びとは倫理知、つまり道徳的知識をもっていたが、近代社会では「**反省**」によって知識が破壊されてしまうと論じています(ウィリアムズ 2020)。

おわりに

本書では、道徳的判断力を育むための授業づくりの方法を提案してきました。「道徳的判断力」というものに着目しようと決めた背景には、さまざまな幸運（luck）がありました。今では記憶を正確に辿ることはできませんが、振り返ってみて思い出せることを書きとめる形で、恩を受けた方々へのお礼に代えさせていただきます。

国立教育政策研究所総括研究官の西野真由美先生（2020）は、これまでの道徳授業では、「内面化」こそが道徳授業の特質とされてきたため、"how"にかかわる問題は実践的な課題とされ、授業のなかではほとんど学習されてこなかったことを指摘されています。本書も、道徳的判断力を育むためには、価値理解を個別の状況に適用する際の「対象・相手・方法・時など」を含む"how"を問う必要があると主張してきました。

開智国際大学の土屋陽介先生（2018）は、哲学対話を道徳授業に取り入れるための基礎づけとしてアリストテレスのフロネーシス（思慮深さ）に言及しつつ、人が目下の個別的な状況で適切な道徳的判断を行うためには、フロネーシス（思慮深さ）の育成が必要であると論じています。土屋先生がアリストテレスのフロネーシス（思慮深さ）に言及されていなかったならば、わたしも「道徳的判断力＝思慮深さ」ととらえることはできなかったはずです。

武庫川女子大学の松下良平先生の『知ることの力』（2002）における「心情主義」の道徳授業に対する批判

も、本書の道徳的判断力への注目につながったといえます。

そして、元・京都教育大学教授の村上敏治先生がその著書『道徳教育の構造』（1973）で「質的拡充」や「時処位に応じて対処する力」について論じていなければ、本書は成立しませんでした。正直なところ、前著『価値観を広げる道徳授業づくり』を書いたときは、「時処位に応じて対処する力」のことを意識的には考えていませんでした。『道徳教育の構造』を詳細に検討するきっかけとなったのは、園田学園女子大学の荊木聡先生が研究代表者をされている科研費の基盤研究（C）「「価値認識・自己認識・自己展望」に基づく道徳授業力の改善効果に関する実証的研究」でした。荊木先生（2017）は、西野真由美先生に言及されながら、「適用を問う「他の場合に当てはめるとどうか」」という思考の動きについて示されています。そこから「適用」という概念を拝借しました。荊木聡先生と、荊木先生にわたしをつないでくださった大阪体育大学での同僚である吉田雅子先生には、心よりお礼申し上げます。

共著者である杉本遼先生との関係のはじまりは、２０２０年の秋にFacebookで友達申請してくださり、杉本先生が主催されているオープンチャットに参加したことでした。杉本先生は、永田繁雄先生のもとで学ばれてきました。その永田先生は村上敏治先生のもとで学ばれていたこともあったそうで、わたしたちふたりに対する村上先生からの間接的な影響が功を奏して、意気投合できたのではないかと思います。本書に掲載した学習指導案については、文字どおり、杉本先生との共同作業の産物です。杉本先生とオンライン会議で何度も協議をした日々をなつかしく感じます。

本書をとおして、道徳的判断力を育むためには、たんに「登場人物はどう考えたのか」と問うだけでは不十分であることを論じてきましたが、このことが少しでも読者のみなさまに伝わっていたらうれしく思います。とはいえ、筆者は小中学校で教員をした経験はありませんので、本書の内容は研究者の頭のなかの「絵に描いた餅」にすぎないのかもしれません。よろしければ、授業実践のなかで本書が提案してきた学習活動を実践していただき、その成果についてお知らせをいただければ幸いです。

前著につづき、本書の出版に尽力してくださった北大路書房の若森乾也さんには、前著と本書の執筆を通じて筆者を育ててくださったこと、本書の内容についてたくさんのヒントをくださったことを心よりお礼申し上げます。

最後に、妻の郁、息子の嘉貴の支えがなければ、本書は成立しませんでした。ありがとうございました。

２０２２年10月　高宮正貴

※本研究はＪＳＰＳ科研費 21K02617-1の助成を受けたものです。

非認知能力
概念・測定と教育の可能性
小塩真司（編著）

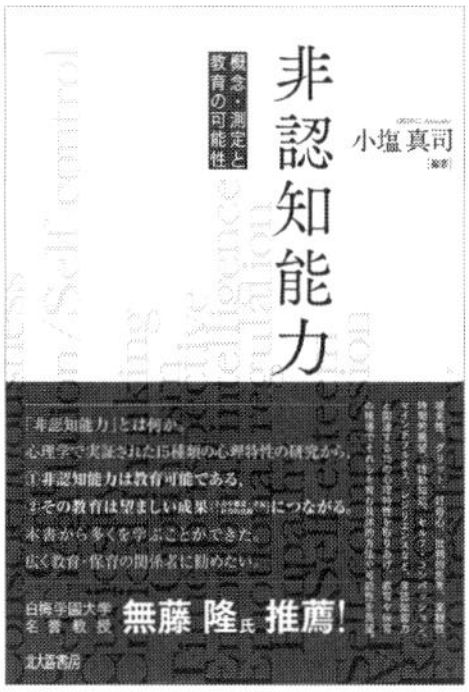

A5判・320頁
本体2600円＋税
ISBN978-4-7628-3164-5

非認知能力とは何か。「人間力」「やりぬく力」など漠然とした言葉に拠らず、心理学の知見から明快に論じる。誠実性、グリット、好奇心、自己制御、楽観性、レジリエンス、マインドフルネスなど関連する15の心理特性を取りあげ、教育や保育の現場でそれらを育む可能性を展望。非認知能力を広く深く知ることができる一冊。

モラルを育む〈理想〉の力
人はいかにして道徳的に生きられるのか
ウィリアム・デイモン、アン・コルビー（著）
渡辺弥生、山岸明子、渡邉晶子（訳）

四六判・284頁
本体2700円＋税
ISBN978-4-7628-3134-8

ゲーム理論や進化論、脳科学に偏重した最近の道徳性心理学は、人間を希望のない存在として捉えるに終始している。こうした傾向に反し、本書は6人の「モラル・リーダー」を取り上げ、道徳的に生きる上で重要な3つの美徳（誠実、謙虚、信仰／信条）を切り口に検証。道徳的選択という人間の能力をいきいきと浮かび上がらせる。

道徳教育はこうすれば〈もっと〉おもしろい

未来を拓く教育学と心理学のコラボレーション

荒木寿友、藤澤 文（編著）

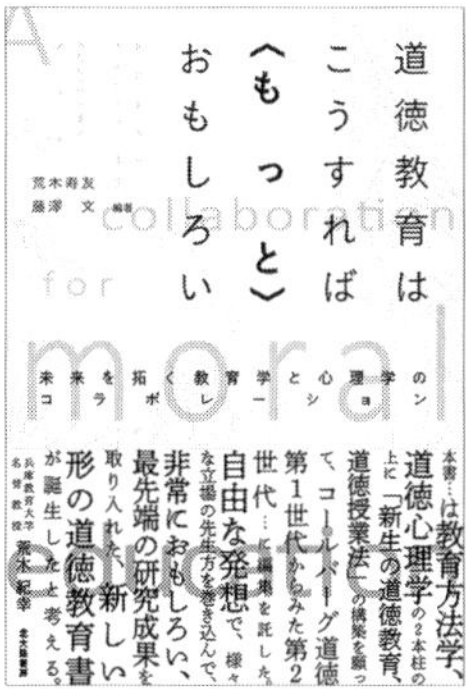

A5判・288頁
本体2600円＋税
ISBN978-4-7628-3089-1

教科化を踏まえ、教育学・哲学の立場から理論枠組みを、心理学の立場から実証的証拠および理論枠組みを詳説。これらの知見をベースに教育実践学の立場から、教室場面では何が実践できるかについて、具体例として計15本の学習指導案を掲載。「理論–研究–実践のトライアングル」で示し、道徳教育のさらなる発展を目指す。

モラルの心理学

理論・研究・道徳教育の実践

有光興記、藤澤 文（編著）

A5判・288頁
本体2500円＋税
ISBN978-4-7628-2890-4

道徳の教科化の流れのなか、モラルに関する心理学の最新知見を理論と実践の両面から幅広く論じる。第1部では、道徳的な判断・感情・行動についての新旧の理論を解説、第2部では、幼小期から成人までの各発達段階に応じたモラル教育の実践や、従来の道徳教育では扱われることが少なかった対象（発達症など）への実践も紹介。

道徳的判断力を育む授業づくり

多面的・多角的な教材の読み方と発問

2022年12月10日　初版第1刷印刷
2022年12月20日　初版第1刷発行

定価はカバーに
表示してあります。

著　者　髙宮 正貴
　　　　杉本 遼

発行所　（株）北大路書房
〒603-8303
京都市北区紫野十二坊町12-8
電話（075）431-0361（代）
FAX（075）431-9393
振替 01050-4-2083

編集・制作：（株）灯光舎
装丁：上瀬 奈緒子（綴水社）
印刷・製本：亜細亜印刷（株）

©2022　ISBN978-4-7628-3211-6　Printed in Japan
検印省略　落丁・乱丁本はお取り替えいたします。

□著者紹介

高宮 正貴（たかみや・まさき）

2014年：上智大学大学院総合人間科学研究科教育学専攻博士後期課程修了
現　在：大阪体育大学教育学部准教授　博士（教育学）

［主著］
『価値観を広げる道徳授業づくり：教材の価値分析で発問力を高める』（単著）（北大路書房，2020年）
『J. S. ミルの教育思想：自由と平等はいかに両立するのか』（単著）（世織書房，2021年）

杉本 遼（すぎもと・りょう）

東京都足立区立足立小学校教諭

［主著・論文］
「児童が楽しさや考えの深まりを実感する，柔軟な道徳科の授業展開：児童の実態に合わせた「ロレンゾの友達」の3パターンの授業展開の検証」『第29回上廣道徳教育賞論文CD集』（2021年）
『道徳授業の板書づくり＆板書モデル大全』（分担執筆）（明治図書出版，2022年）

文献

赤堀博行（2021） 道徳的価値の見方・考え方：「道徳的価値」の正しい理解が道徳授業を一歩先へ 東洋館出版社

青木孝頼（編著）（1983） 価値の一般化の発問 明治図書出版

青木孝頼（1995） 道徳授業の基本構想 文溪堂

アリストテレス／渡辺邦夫・立花幸司（訳）（2015） ニコマコス倫理学（上） 光文社

アリストテレス／渡辺邦夫・立花幸司（訳）（2016） ニコマコス倫理学（下） 光文社

米国学術研究推進会議（編著） 森敏昭・秋田喜代美（監訳）（2002）授業を変える：認知心理学のさらなる挑戦 北大路書房

藤田政博（2021） バイアスとは何か 筑摩書房

林 創（2019） 第14章 子どもの道徳性の発達 荒木寿友・藤澤 文（編著） 道徳教育はこうすれば〈もっと〉おもしろい：未来を拓く教育学と心理学のコラボレーション 北大路書房，pp.140–147.

荊木 聡（2017）「価値認識」・「自己認識」・「自己展望」の視座を活かした授業構想 道徳と教育，*61*(335)，53–62.

荊木 聡（2021） 中学校道徳板書スタンダード＆アドバンス 明治図書出版

稲村一隆（2006） アリストテレスのフロネーシス論：行為に関する知性の性質について 相関社会科学，*16*，2–14.

カント，I.／土岐邦夫・観山雪陽・野田又男（訳）（2005） プロレゴーメナ：人倫の形而上学の基礎づけ 中央公論新社

松下良平（2002） 知ることの力：心情主義の道徳教育を超えて 勁草書房

森田洋司（2010） いじめとは何か：教室の問題，社会の問題 中央公論新社

村上敏治（1973） 道徳教育の構造 明治図書出版

村上敏治（1981） わかりやすい組み立ての道徳授業論とその展開 現代道徳教育研究会（編） 道徳教育の授業理論：十大主張とその展開 明治図書出版，pp.116–128.

村上敏治（編著）（1983） 小学校道徳内容の研究と展開 明治図書出版

村上敏治（編著）（1989） 新小学校道徳内容の研究と展開 高学年編 明治図書出版

永田繁雄（2016） 子どもの問題意識を広い視野で描く（新・道徳授業論：多面的・多角的な発想で授業を変える） 道徳教育，*696*(2016年6月号)，71–73.

永田繁雄（2019）　しなやかな発問を生かして新時代の道徳授業をつくろう　『道徳教育』編集部（編）　考え，議論する道徳をつくる新発問パターン大全集　明治図書出版，pp.2–5.

西野真由美（2020）　11 道徳科の授業デザイン　西野真由美（編著）　道徳教育の理念と実践［新訂］　放送大学教育振興会，pp.184–202.

坂本哲彦（2018）「分けて比べる」道徳科授業　東洋館出版社

澤田浩一（2020）　道徳的諸価値の探究：「考え，議論する」道徳のために　学事出版

関根明伸（2013）　韓国の道徳教育から何を学ぶか　押谷由夫・柳沼良太（編著）　道徳の時代がきた！：道徳教科化への提言　教育出版，pp.89–96.

島 恒生（2020）　小学校・中学校 納得と発見のある道徳科：「深い学び」をつくる内容項目のポイント　日本文教出版

清水保徳（2011）　道徳の時間の展開後段を再考する：補充・深化・統合の視点から　帝京大学教職大学院年報, *2*, 37–47.

髙宮正貴（2020）　価値観を広げる道徳授業づくり：教材の価値分析で発問力を高める　北大路書房

髙宮正貴（2022a）　道徳授業における「価値の一般化」の再検討：展開後段における「再特殊化」の導入　大阪体育大学教育学研究, *6*, 51–63.

髙宮正貴（2022b）　カント主義的構成主義による内容項目の正当化　道徳教育学フロンティア研究会（編著）　続・道徳教育はいかにあるべきか　ミネルヴァ書房, pp.93–108.

土屋陽介（2018）「考え，議論する道徳」の哲学的基礎づけ：フロネーシスの教育の観点から　開智国際大学紀要, *17*, 41–54.

ウィリアムズ, B.／森際康友・下川 潔（訳）（2020）　生き方について哲学は何が言えるか　筑摩書房

行安 茂（2009）　道徳教育の理論と実践：新学習指導要領の内容研究　教育開発研究所

索引

巻末資料

学習指導案

■教材と手法の対応表

	内容項目	教材名	教科書会社	学年
1	節度，節制	かぼちゃのつる	学研	小1
2	親切，思いやり	はしの上のおおかみ	学研	小1
3	感動，畏敬の念	ひしゃくぼし	光村	小1
4	礼儀	フィンガーボール	日文	小4
5	友情，信頼	泣いた赤おに	学研	小4
6	規則の尊重	雨のバスていりゅう所で	光村	小4
7	善悪の判断，自律，自由と責任	うばわれた自由	日文	小5
8	相互理解，寛容	ブランコ乗りとピエロ	学研	小6
9	よりよい学校生活，集団生活の充実	森の絵	学研	小5
10	希望と勇気，克己と強い意志	木箱の中の鉛筆たち	あかつき	中1
11	公正，公平，社会正義	卒業文集最後の二行	学研	中3
12	国際理解，国際貢献	海と空：樫野の人々	日文	中2

	学習問題の視点 Ⅰ～Ⅴ	中心的な発問の視点 Ⅰ～Ⅴ	追発問をつくる視点 ①～⑫	授業記録の有無 ※＝あり
	Ⅰ	Ⅴ	⑪⑩⑨	※
	Ⅱ	Ⅱ	⑪⑨	
	Ⅰ	Ⅰ	⑫	
	Ⅰ	Ⅴ	③⑫	※
	Ⅰ	Ⅴ	③⑫	
	Ⅳ	Ⅴ	③④⑨	
	Ⅰ	Ⅲ	⑫	
	Ⅴ	Ⅴ	⑩	※
	Ⅴ	Ⅱ	⑪⑩	
	Ⅳ	Ⅳ	⑤⑥	
	Ⅰ	Ⅳ	⑦⑧	
	Ⅴ	Ⅰ	⑫	※

■「特別の教科 道徳（道徳科）」の内容項目一覧

キーワード	小学校第1学年及び第2学年（19）	小学校第3学年及び第4学年（20）
A　主として自分自身に関すること		
善悪の判断，自律，自由と責任	(1) よいことと悪いこととの区別をし，よいと思うことを進んで行うこと。	(1) 正しいと判断したことは，自信をもって行うこと。
正直，誠実	(2) うそをついたりごまかしをしたりしないで，素直に伸び伸びと生活すること。	(2) 過ちは素直に改め，正直に明るい心で生活すること。
節度，節制	(3) 健康や安全に気を付け，物や金銭を大切にし，身の回りを整え，わがままをしないで，規則正しい生活をすること。	(3) 自分でできることは自分でやり，安全に気を付け，よく考えて行動し，節度のある生活をすること。
個性の伸長	(4) 自分の特徴に気付くこと。	(4) 自分の特徴に気付き，長所を伸ばすこと。
希望と勇気，努力と強い意志	(5) 自分のやるべき勉強や仕事をしっかりと行うこと。	(5) 自分でやろうと決めた目標に向かって，強い意志をもち，粘り強くやり抜くこと。
真理の探究		
B　主として人との関わりに関すること		
親切，思いやり	(6) 身近にいる人に温かい心で接し，親切にすること。	(6) 相手のことを思いやり，進んで親切にすること。
感謝	(7) 家族など日頃世話になっている人々に感謝すること。	(7) 家族など生活を支えてくれている人々や現在の生活を築いてくれた高齢者に，尊敬と感謝の気持ちをもって接すること。
礼儀	(8) 気持ちのよい挨拶，言葉遣い，動作などに心掛けて，明るく接すること。	(8) 礼儀の大切さを知り，誰に対しても真心をもって接すること。
友情，信頼	(9) 友達と仲よくし，助け合うこと。	(9) 友達と互いに理解し，信頼し，助け合うこと。
相互理解，寛容		(10) 自分の考えや意見を相手に伝えるとともに，相手のことを理解し，自分と異なる意見も大切にすること。
C　主として集団や社会との関わりに関すること		
規則の尊重	(10) 約束やきまりを守り，みんなが使う物を大切にすること。	(11) 約束や社会のきまりの意義を理解し，それらを守ること。
公正，公平，社会正義	(11) 自分の好き嫌いにとらわれないで接すること。	(12) 誰に対しても分け隔てをせず，公正，公平な態度で接すること。
勤労，公共の精神	(12) 働くことのよさを知り，みんなのために働くこと。	(13) 働くことの大切さを知り，進んでみんなのために働くこと。
家族愛，家庭生活の充実	(13) 父母，祖父母を敬愛し，進んで家の手伝いなどをして，家族の役に立つこと。	(14) 父母，祖父母を敬愛し，家族みんなで協力し合って楽しい家庭をつくること。
よりよい学校生活，集団生活の充実	(14) 先生を敬愛し，学校の人々に親しんで，学級や学校の生活を楽しくすること。	(15) 先生や学校の人々を敬愛し，みんなで協力し合って楽しい学級や学校をつくること。
伝統と文化の尊重，国や郷土を愛する態度	(15) 我が国や郷土の文化と生活に親しみ，愛着をもつこと。	(16) 我が国や郷土の伝統と文化を大切にし，国や郷土を愛する心をもつこと。
国際理解，国際親善	(16) 他国の人々や文化に親しむこと。	(17) 他国の人々や文化に親しみ，関心をもつこと。
D　主として生命や自然，崇高なものとの関わりに関すること		
生命の尊さ	(17) 生きることのすばらしさを知り，生命を大切にすること。	(18) 生命の尊さを知り，生命あるものを大切にすること。
自然愛護	(18) 身近な自然に親しみ，動植物に優しい心で接すること。	(19) 自然のすばらしさや不思議さを感じ取り，自然や動植物を大切にすること。
感動，畏敬の念	(19) 美しいものに触れ，すがすがしい心をもつこと。	(20) 美しいものや気高いものに感動する心をもつこと。
よりよく生きる喜び		

小学校第５学年及び第６学年（22）	中学校（22）	キーワード
A　主として自分自身に関すること		
(1) 自由を大切にし，自律的に判断し，責任のある行動をすること。	(1) 自律の精神を重んじ，自主的に考え，判断し，誠実に実行してその結果に責任をもつこと。	自主，自律，自由と責任
(2) 誠実に，明るい心で生活すること。		
(3) 安全に気を付けることや，生活習慣の大切さについて理解し，自分の生活を見直し，節度を守り節制に心掛けること。	(2) 望ましい生活習慣を身に付け，心身の健康の増進を図り，節度を守り節制に心掛け，安全で調和のある生活をすること。	節度，節制
(4) 自分の特徴を知って，短所を改め長所を伸ばすこと。	(3) 自己を見つめ，自己の向上を図るとともに，個性を伸ばして充実した生き方を追求すること。	向上心，個性の伸長
(5) より高い目標を立て，希望と勇気をもち，困難があってもくじけずに努力して物事をやり抜くこと。	(4) より高い目標を設定し，その達成を目指し，希望と勇気をもち，困難や失敗を乗り越えて着実にやり遂げること。	希望と勇気，克己と強い意志
(6) 真理を大切にし，物事を探究しようとする心をもつこと。	(5) 真実を大切にし，真理を探究して新しいものを生み出そうと努めること。	真理の探究，創造
B　主として人との関わりに関すること		
(7) 誰に対しても思いやりの心をもち，相手の立場に立って親切にすること。	(6) 思いやりの心をもって人と接するとともに，家族などの支えや多くの人々の善意により日々の生活や現在の自分があることに感謝し，進んでそれに応え，人間愛の精神を深めること。	思いやり，感謝
(8) 日々の生活が家族や過去からの多くの人々の支え合いや助け合いで成り立っていることに感謝し，それに応えること。		
(9) 時と場をわきまえて，礼儀正しく真心をもって接すること。	(7) 礼儀の意義を理解し，時と場に応じた適切な言動をとること。	礼儀
(10) 友達と互いに信頼し，学び合って友情を深め，異性についても理解しながら，人間関係を築いていくこと。	(8) 友情の尊さを理解して心から信頼できる友達をもち，互いに励まし合い，高め合うとともに，異性についての理解を深め，悩みや葛藤も経験しながら人間関係を深めていくこと。	友情，信頼
(11) 自分の考えや意見を相手に伝えるとともに，謙虚な心をもち，広い心で自分と異なる意見や立場を尊重すること。	(9) 自分の考えや意見を相手に伝えるとともに，それぞれの個性や立場を尊重し，いろいろなものの見方や考え方があることを理解し，寛容の心をもって謙虚に他に学び，自らを高めていくこと。	相互理解，寛容
C　主として集団や社会との関わりに関すること		
(12) 法やきまりの意義を理解した上で進んでそれらを守り，自他の権利を大切にし，義務を果たすこと。	(10) 法やきまりの意義を理解し，それらを進んで守るとともに，そのよりよい在り方について考え，自他の権利を大切にし，義務を果たして，規律ある安定した社会の実現に努めること。	遵法精神，公徳心
(13) 誰に対しても差別をすることや偏見をもつことなく，公正，公平な態度で接し，正義の実現に努めること。	(11) 正義と公正さを重んじ，誰に対しても公平に接し，差別や偏見のない社会の実現に努めること。	公正，公平，社会正義
(14) 働くことや社会に奉仕することの充実感を味わうとともに，その意義を理解し，公共のために役に立つことをすること。	(12) 社会参画の意識と社会連帯の自覚を高め，公共の精神をもってよりよい社会の実現に努めること。	社会参画，公共の精神
	(13) 勤労の尊さや意義を理解し，将来の生き方について考えを深め，勤労を通じて社会に貢献すること。	勤労
(15) 父母，祖父母を敬愛し，家族の幸せを求めて，進んで役に立つことをすること。	(14) 父母，祖父母を敬愛し，家族の一員としての自覚をもって充実した家庭生活を築くこと。	家族愛，家庭生活の充実
(16) 先生や学校の人々を敬愛し，みんなで協力し合ってよりよい学級や学校をつくるとともに，様々な集団の中での自分の役割を自覚して集団生活の充実に努めること。	(15) 教師や学校の人々を敬愛し，学級や学校の一員としての自覚をもち，協力し合ってよりよい校風をつくるとともに，様々な集団の意義や集団の中での自分の役割と責任を自覚して集団生活の充実に努めること。	よりよい学校生活，集団生活の充実
(17) 我が国や郷土の伝統と文化を大切にし，先人の努力を知り，国や郷土を愛する心をもつこと。	(16) 郷土の伝統と文化を大切にし，社会に尽くした先人や高齢者に尊敬の念を深め，地域社会の一員としての自覚をもって郷土を愛し，進んで郷土の発展に努めること。	郷土の伝統と文化の尊重，郷土を愛する態度
	(17) 優れた伝統の継承と新しい文化の創造に貢献するとともに，日本人としての自覚をもって国を愛し，国家及び社会の形成者として，その発展に努めること。	我が国の伝統と文化の尊重，国を愛する態度
(18) 他国の人々や文化について理解し，日本人としての自覚をもって国際親善に努めること。	(18) 世界の中の日本人としての自覚をもち，他国を尊重し，国際的視野に立って，世界の平和と人類の発展に寄与すること。	国際理解，国際貢献
D　主として生命や自然，崇高なものとの関わりに関すること		
(19) 生命が多くの生命のつながりの中にあるかけがえのないものであることを理解し，生命を尊重すること。	(19) 生命の尊さについて，その連続性や有限性なども含めて理解し，かけがえのない生命を尊重すること。	生命の尊さ
(20) 自然の偉大さを知り，自然環境を大切にすること。	(20) 自然の崇高さを知り，自然環境を大切にすることの意義を理解し，進んで自然の愛護に努めること。	自然愛護
(21) 美しいものや気高いものに感動する心や人間の力を超えたものに対する畏敬の念をもつこと。	(21) 美しいものや気高いものに感動する心をもち，人間の力を超えたものに対する畏敬の念を深めること。	感動，畏敬の念
(22) よりよく生きようとする人間の強さや気高さを理解し，人間として生きる喜びを感じること。	(22) 人間には自らの弱さや醜さを克服する強さや気高さがあることを理解し，人間として生きることに喜びを見いだすこと。	よりよく生きる喜び

1　小学校低学年　節度，節制

主題名

わがまま（A-(3)節度，節制）

教材名

かぼちゃのつる（学研『新・みんなの道徳1』）

主題設定の理由

(1) 道徳的価値について

節度，節制〔第1学年及び2学年〕 健康や安全に気を付け，物や金銭を大切にし，身の回りを整え，**わがままをしない**で，規則正しい生活をすること。（太字は筆者）

(2) 教材の読み方について

かぼちゃはぐんぐんつるを伸ばしていく。ほかの動物や植物に注意されても聞こうとせず，すいかに迷惑をかけても伸ばしつづける。そこにトラックが通り，かぼちゃのつるは切られてしまうという話である。

①「節度，節制」と「個性の伸長」の衝突をとらえる（**B：複数の価値観の重みの違いを読み解く**）

この教材は，かぼちゃの「節度，節制」が実現していないという点では，「②価値非実現・心理葛藤型」の教材類型である。この教材類型と1年生の児童を重ねて考えると，のびのびと遊んだりする主体性や個々の個性までも否定し，節度を守ることができないと罰があたると教え込むことになりがちである。しかし，「**節度，節制**」と「**個性の伸長**」が対立しているとみなすならば，「④価値葛藤型（複数の道徳的価値）」の教材類型として読むことができる。このようにとらえるならば，のびのびと遊びたいという児童の思いを尊重しつつ，「節度，節制」についての考えを深めることができる。

教材類型④をふまえ，「**B：複数の価値観の重みの違いを読み解く**」と，以下の対比が可能である。

	価値観A	価値観B
1	自分の個性を伸ばしたい（個性の伸長）。	個性を伸長すること自体は悪いことではないが，「自分の置かれた状況について思慮深く考えながらみずからを節制」する必要がある（節度，節制）。

こうしたとらえをもとに，本時は「**のびのび**」と「**がまん**」をキーワードに，どこからが「**わがまま**」となるのかのバランスを児童とともに考えていく。

②「のびのび」と「がまん」を見極める（**⑨問題場面の量的拡大**）

以上のように道徳的価値同士の衝突をとらえたうえで，「節度，節制」と「個性の伸長」が衝突するような具体的な事例について「**⑨問題場面の量的拡大**」を行うことによって，「のびのび」してよいときと「がまん」すべきときを見極める道徳的判断力を養いたい。

ねらい

「かぼちゃは，どこまでつるを伸ばしてよかったのか？」について話し合い，わがままとはどういうことか，「のびのび」と「がまん」のバランスを考えることをとおして，「個性の伸長」と「節度，節制」をいかに両立させるのかを見極める道徳的判断力を育む。

学習指導過程

(1) 展開

○発問　☆学習問題　◎中心的な発問　◇追発問 予想される児童の意識・引き出したい価値観	◆指導上の留意点
○もし，かぼちゃがつるを伸ばすことを禁止されたら，どうなるかな？ ・つるを伸ばすのをがまんさせたら，かぼちゃがかわいそう。	◆かぼちゃがつるを伸ばす絵を提示し，「のびのび」と行動することや成長することのよさを前提に話し合う。
☆学習問題：わがままって，どういうこと？【価値の意味，成立条件】	
範読 ○学習問題に対して考えたことは何か？ ・どこまでのびのびしてよくて，どこからがまんしないといけないか？ ・どこからわがままか？	◆児童の教材の受け止めから学習問題と教材とのつながりを見いだし，中心的な発問を生み出す。
◎かぼちゃは，どこまでつるを伸ばしてよかったのか？【価値判断】 ①伸ばしてはいけない。 ②かぼちゃの畑のなかだけ伸ばしてよい。 ③少しだけ畑を出て蜂や蝶のところまで伸ばしてよい。 ④すいかの畑まで伸ばしてよい。 ⑤子犬やみんなの通る道まで伸ばしてよい。 ⑥どこまででもぐんぐん伸ばしてよい。	◆教材に描かれるかぼちゃがどこまでつるを伸ばしてよかったのかという「節度，節制」と「個性の伸長」のバランスに対する価値判断を中心的な発問とすることで，多様な考えを引き出す。 ◆中心的な発問に対し，ノートに選択した数字と理由を書かせ，自分の考えを明らかにさせる。
◇もし，トラックが来なければ（痛い目にあわなければ），どこまでも伸ばしてよかったのか？【条件変更】 A：伸ばしてよい。 ・のびのびするのはかぼちゃのよいところだから，気をつけていれば伸ばしてもよい。	◆条件変更して発問することで，状況に応じた自律的な判断のよさとむずかしさについて考えることができるようにする。

B：伸ばしてはいけない。 ・のびのびするのはよいことだけれど，迷惑をかけてはいけない。	◆児童の反応によっては，再度「のびのびすることは悪いことなのか？」と投げかける。
◇わがままにならないように，のびのびするにはどうすればいいのだろう？【価値理解の妥当性の範囲・限度，例外】 ・ほかの人に迷惑をかけるのは，わがまま。 ・みんなの話をよく聞いて，自分で考えて行動しないとわがままになってしまう。 ・わがままをして，悪いことが起こったら自分の責任。	◆「価値理解の妥当性の範囲・限度，例外」を発問することで，価値の一般化を図る。 ◆自己を見つめて考えることができるように，「自分だったらできる？」と投げかけていく。
☆わがままって，どういうこと？　わがままになってしまいがちなときってどんなときだろう？【問題場面の量的拡大（具体例）】	◆経験をもとに，本時の学習問題に対する納得解をもつことができるようにする。

(2) 児童に対する評価

○学習問題「わがままって，どういうこと？」に対し，自己の生き方についての考えを深めることができたか。

○中心的な発問「かぼちゃは，どこまでつるを伸ばしてよかったのか？」に対して，多面的・多角的に考えることができたか。

(3) 授業に対する評価

○学習問題，中心的な発問，追発問などの学習指導過程は，「個性の伸長」と「節度，節制」をいかに両立させるのかを見極める道徳的判断力を育むという指導の意図にかなっていたか。

授業記録

T：「かぼちゃは，どこまでつるを伸ばしてよかったのか？」次のなかからだったら，どれだろう？

①伸ばしてはいけない。

②かぼちゃの畑のなかだけ伸ばしてよい。

③少しだけ畑を出て蜂や蝶のところまで伸ばしてよい。

④すいかの畑まで伸ばしてよい。

⑤子犬やみんなの通る道まで伸ばしてよい。

⑥どこまでもぐんぐん伸ばしてよい。

C：畑のなかだけかな。だってみんなに迷惑。

C：でも，窮屈じゃない？　少しくらいなら。

C：少しなら迷惑がかからないもんね。

C：ほかの方法もあったんじゃない？　支柱を立てるとか。

C：畑をみんなと相談して，少し広げてもらったらよかったんじゃない？

C：もっと広いところにお引越しするとか。

C：どこまでというより，みんなの注意を聞かなかったのが悪いんじゃない？

C：たしかに。よくない。無視している。

T：もし，トラックが来なければ，どこまでも伸ばしてよかったのかな？

C：つるを伸ばすのはいいけれど，ほかの人に迷惑をかけてはいけない。

C：まわりをよく見て，よく考えないと。

C：みんなはやめたほうがいいと止めていたよ。みんなの話を聞くのは大事だよ。

C：そうしないと，わがままになっちゃう。

C：「ここまでしたら，どうなるだろう？」って，先のことを考えてのびのびしないと。

C：みんながわかりやすいような線を引いたらいいんじゃない？　ルールをわかりやすくしたほうがいい。

C：みんなで，ここまではかぼちゃさん，ここからはすいかさんって，話し合って決め直してもいいかもね。

T：みんながわがままになってしまいがちなときって，どんなときだろう？

C：友達と一緒のときは，一緒になってわがままにしてしまう。

C：どうしてもしたい気持ちになってしまって，ついついがまんできなくなってしまうときがある。

C：欲しいものがあって，どうしても欲しくて，「もっとあれ買って，これ買っ

て」って，おうちの人にわがままを言ってしまう。

C：ひとつうまくいくと，もっともっとって調子に乗って，どんどんわがままになってしまう。

T：わがままにならないように，のびのびするにはどうすればいいのだろう？

C：みんなの話をよく聞いて，自分で考えて行動しないとわがままになってしまう。

C：わがままなことをして，悪いことが起こったら自分の責任。

T：わがままって，どういうこと？

板書例

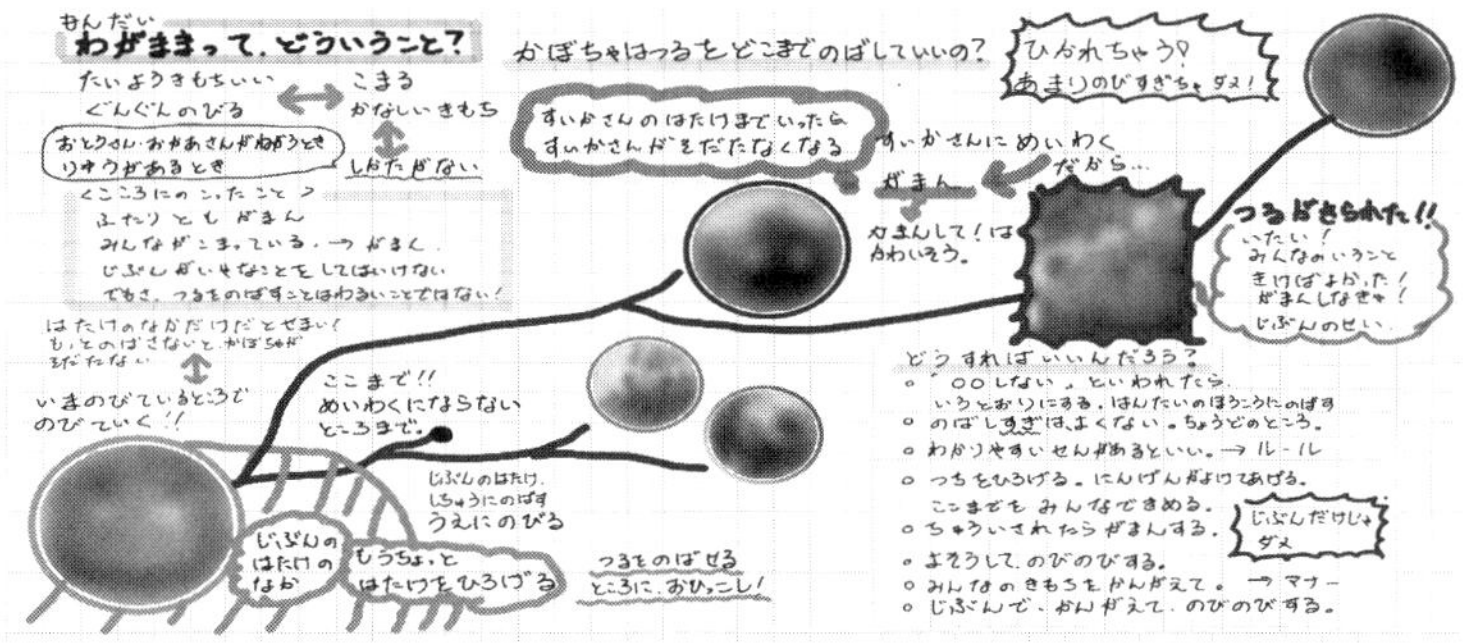

児童の学習感想

・自分も困らず，みんなも困らず，いやにならないようにしたいと思います。もっと調子に乗っている，乗っていないを考えて伸びていけばいいと思います。

・みんなが困っちゃうから，みんなに迷惑がかからない場所に行けばいいと思います。のびのびすることはいいことなんだけど，やりすぎちゃうとみんなのことを困らせちゃうから，ちょっと，まわりのことも考えたほうがいいと思います。

・みんなに「こうしたほうがいいよ」と言われたら，すぐに行動しないと自分

が困ると思います。みんなのルールはちゃんと守ったほうがよいと思います。みんなのことを考えて，みんなに親切にしたほうがいいと思いました。

・トラックにひかれたかぼちゃはかわいそうです。でも自分が悪いことをしたからそうなったのだと思います。のびのびしてもよいけれど，のびのびしすぎたら，自分で責任をとらないといけないと思います。

・みんなでルールを決めるとよいと思います。そのルールのなかでは，がまんする必要もない。もしルールを破ったことに気づいていなかったら，注意してくれる人もいるから教えてもらってわがまましないようにすればいい。みんなで楽しくのびのびできるために，それぞれルールをどうするか相談したほうがいいと思いました。

授業を終えて

中心的な発問「かぼちゃは，どこまでつるを伸ばしてよかったのか？」に対し，「①伸ばしてはいけない」「②かぼちゃの畑のなかだけ」「③少しだけ畑を出て蜂や蝶のところまで」「④すいかの畑まで」「⑤子犬やみんなの通る道まで」「⑥どこまででも伸ばしてよい」のなかから，Google Formsで自分の考えを選ばせた。結果は，全員の児童が「②かぼちゃの畑のなかだけ」を選択した。話し合いでは，「少しなら迷惑がかからないのではないか」「畑をみんなと相談して，少し広げてもらったらよかったのではないか」などさまざまな方法を考えていくことができた。

「もし，トラックが来なければ（痛い目にあわなければ），どこまでも伸ばしてよかったのか？」と教材で描かれている状況の条件を変更して発問することで，状況に応じた自律的な判断のよさとむずかしさについて考えた。「ほかの人に迷惑をかけてはいけない」や「まわりをよく見て，よく考えないと」と，わがままの意味，成立条件を抽象化して考えることができた。

その後，「みんながわがままになってしまいがちなときって，どんなときだろう？」と発問し，類似した場面に量的拡大を図った。「友達と一緒のときは，一緒になってわがままをしてしまう」「ついつい，がまんできなくなってしまうときがある」「もっとあれ買って，これ買ってと，わがままを言ってしまう」「もっ

ともっとって調子に乗って，どんどんわがままになってしまう」など，自分の生活とつなげて考えた。教材に描かれている問題場面を自己の問題として受け止め，「自己化」を促すことができたととらえられる。

2　小学校低学年　親切，思いやり

主題名

やさしい気持ちをもつには（B-(6) 親切，思いやり）

教材名

はしの上のおおかみ（学研『新・みんなの道徳1』）

主題設定の理由

(1) 道徳的価値について

> 親切，思いやり〔第1学年及び第2学年〕
> 　身近にいる人に温かい心で接し，**親切**にすること。（太字は筆者）

『小学校解説』では，「親切，思いやり」とは，「相手のことを考え，優しく接すること」とされている。「その結果として相手の喜びを自分の喜びとして受け入れられるようにし，具体的に親切な行為をできるようにすることが大切である」。

(2) 教材の読み方について

最初，自分より体の小さいうさぎ，きつね，たぬきにいじわるをしているおおかみが，くまのやさしさに感動し，自分もくまを見習う話である。この教材は，やさしくなかったおおかみがやさしくなるという変容を描いている点で，「②価値非実現・心理葛藤型」の教材類型とみなすことができる。

①親切を多面的にとらえる（B：複数の価値観の重みの違いを読み解く）

教材類型②をふまえ，「親切」について「**B：複数の価値観の重みの違いを読み解く**」と，以下のふたつの対比が可能である。

	より重みのない価値観A	より重みのある価値観B
1	うさぎを抱き上げてみると，おおかみは気持ちよい。	やさしさは，自分のためだけでなく，相手のためでもあること。うさぎのためになっているかどうかが大切。
2	おおかみはくまにやさしくされて，自分もやさしくなった。	おおかみがくまにやさしくされたことで，おおかみはうさぎにもやさしくし，やさしさは森全体に広がった。

②価値理解を異なる場面に拡大する（**⑨問題場面の量的拡大（具体例）**）

以上のように「**複数の価値観の重みの違い**」をとらえたうえで，「**⑨問題場面の量的拡大（具体例）**」によって，「親切」についての価値理解を児童自身の生活に適用するための道徳的判断力を養いたい。

ねらい

どうしておおかみがいじわるを反省し，やさしくすることの喜びに気づいたのかを話し合い，どうしたらやさしい気持ちをもてるのかを考えることをとおして，ほかの人にやさしくすべきときを見極める道徳的判断力を育む。

学習指導過程

(1) 展開

○発問　☆学習問題　◎中心的な発問　◇追発問 予想される児童の意識・引き出したい価値観	◆指導上の留意点
○この絵を見てどんなことを思う？ ・おおかみさんがいじわるしている。 ・うさぎさんがかわいそう。	◆おおかみがいじわるをする絵を見て，学習問題と教材に関心をもてるようにする。
☆学習問題：どうしたら，やさしい気持ちをもてるだろう？【変容】	
範読 ○心に残ったことは，どんなことか？ ・おおかみさんがやさしくなった。 ・くまさんはすごくやさしい。 ・うさぎさんもやさしくされてうれしいと思う。	◆どうしたら「親切，思いやり」を実現できるかを追求していく。 ◆児童の教材の受け止めから学習問題と教材とのつながりを見いだし，中心的な発問を生み出す。
◎どうして，おおかみはやさしい気持ちになったのだろう？【変容】 ・くまがしていることをいいと思ったから。 ・くまみたいにやさしくなりたかったから。 ・くまを真似したい。 ・自分がされてうれしかった。 ・やさしくしてうさぎに見直してほしい。	◆教材に描かれるおおかみの変容を中心的な発問とすることで，多様な考えを引き出す。
◇もし，くまさんがやさしくなかったら？【条件変更】 A：先に譲る。 B：譲らない。 C：その他。	◆条件変更を追発問とすることで，くまのやさしさが，おおかみの変容を生み，森全体に広がっていったことに気づかせたい。

◇年下の子がブランコの前で待っているとき，自分だったらどうする？　どうして，そうする？【問題場面の量的拡大（具体例）】 A：先に譲る。 B：譲らない。 C：その他。	◆具体的な場面を提示して，価値理解を異なる場面に拡大する追発問することで，自分の生活に引き寄せて考え，価値の一般化ができるようにする。
☆学習問題「どうしたら，やさしい気持ちをもてるだろう？」について，どんなことを考えたか？ ・やさしいことをされるとうれしいことに気がついたから。 ・やさしい気持ちはやさしい気持ちを生む。 ・いじわるな気持ちはいじわるな気持ちを生んでしまう。	◆本時の学習問題に対する納得解をもつことができるようにする。

(2) 児童に対する評価

○学習問題「どうしたら，やさしい気持ちをもてるだろう？」に対し，自己の生き方についての考えを深めることができたか。

○中心的な発問「どうして，おおかみはやさしい気持ちになったのだろう？」に対して，多面的・多角的に考えることができたか。

(3) 授業に対する評価

○学習問題，中心的な発問，追発問などの学習指導過程は，ほかの人にやさしくすべきときを見極める道徳的判断力を育むという指導の意図にかなっていたか。

3　小学校低学年　感動，畏敬の念

主題名

心の美しさと自然の美しさ（D-(19)感動，畏敬の念）

教材名

ひしゃくぼし（光村図書『どうとく1　きみがいちばんひかるとき』）

主題設定の理由

(1) 道徳的価値について

> 感動，畏敬の念〔第1学年及び第2学年〕
> **美しいもの**に触れ，**すがすがしい心**をもつこと。（太字は筆者）

「自然が織りなす美しい風景や人の心の奥深さ，**清らかさ**を描いた文学作品などに触れて素直に感動する気持ちや，人の心の優しさや温かさなど気高いものや崇高なものに出会ったときの尊敬する気持ちなどを，児童の心の中により一層育てることが大切である」（『小学校解説』）（太字は筆者）。

(2) 教材の読み方について

昔，日照りつづきの日に，女の子が病気のお母さんのために水を探しに行く。やっと手に入れた水を倒れている犬にやると，木のひしゃくが銀のひしゃくに変わる。次に，家に帰って残りの水をお母さんに飲ませようとすると，お母さんが「おまえがのみなさい」と言い，銀のひしゃくが金のひしゃくに変わる。さらに，水を求めて疲れた旅人がやってきたので，女の子がひしゃくを渡すと，ひしゃくのなかから7つの大きなダイヤモンドが飛び出す。そのダイヤモンドが空高く上り，7つの星になるという話である。

①心の美しさを多面的にとらえる（**A：道徳的価値の意味（内包・外延），成立条件を読み解く**）

この教材は，描かれている「美しさ」が明確であり，しかも「美しさ」のみが描かれている点で，「①価値実現型」の教材類型とみなすことができる。

教材類型①をふまえ，心の美しさについて「**A：道徳的価値の意味（内包・外延），成立条件を読み解く**」。すると，心の美しさの意味，成立条件は次のようにとらえられる。

教材の記述	道徳的価値の意味，成立条件
「7つのおおきなダイヤモンドは，きらきらとかがやきながら，おおぞらにたかくたかくのぼって，やがて，ほしになりました」。	・女の子と母親の心の美しさ：心の**清らか**さ，**純粋**さ，自己の利益を顧みずに他者に**献身**する姿。

しかし，もちろん，この結末は科学的にみれば起こりそうにないことであり，象徴的な表現である。そこで，「なぜダイヤモンドになったのか」ではなく，「ダイヤモンドはどんな「美しさ」を表しているのか」を問いたい。

②心の美しさを自然の美しさと対比する（**⑫教材とは異なる対象・相手・方法・時などに対する判断を問う**）

教材は人の心の美しさを描いている。そこで，展開後段では自然の美しさと対比することで，「児童自身がもっている初々しい**感性**を豊かに育んでい」（『小学校解説』）きたい。具体的には，星空の写真や映像などを見せて，それに対する感じ方を問う。そのうえで，**人の心**に対して感じる美しさと**自然**に対して感じる美しさの共通点や相違点を考えさせたい。

ねらい

ひしゃくぼしの物語にどんな「美しさ」があったのかを話し合い，「美しさ」にはどんなものがあるのかを考えることをとおして，さまざまな場面で美しいものを見極める道徳的判断力を育む。

学習指導過程

(1) 展開

○発問　☆学習問題　◎中心的な発問　◇追発問 予想される児童の意識・引き出したい価値観	◆指導上の留意点
○「○○は，美しい」の○○には，何が入るか？ ・星 ・宝石 ・ダイヤモンド	
☆学習問題：「美しさ」には，どんなものがあるか？【価値の意味，成立の条件】	
範読 ○心に残ったことは，どんなことか？ ・女の子がやさしい。 ・ダイヤモンドが出てきたのがすごい。	◆児童の教材の受け止めから学習問題と教材とのつながりを見いだし，中心的な発問を生み出す。
◎このお話に，どんな「美しさ」があったか？【価値の意味，成立条件】 ・木のひしゃくが，銀，金と変わり，ダイヤモンドが出てきたこと。 ・女の子が病気のお母さんのために水をさがしに出かけたこと。 ・ひしゃくに水があふれてもがまんしたこと。 ・大事な水を死にかかっている犬に飲ませたこと。 ・お母さんが女の子に水を飲ませようとしたところ。 ・女の子が旅人に水をあげたところ。	◆場面絵を提示して，どの場面に「美しさ」を感じるか選ばせることで，学習問題に対し自分の考えを明らかにする。
◇ひしゃくから出たダイヤモンドは，どんな「美しさ」を表しているか？ ・やさしさの美しさ。 ・譲る気持ちの美しさ。 ・心の美しさ。	◆教材に描かれる特殊な状況から抽象化して，心の美しさに気づくことができるようにする。

◇この星空を見て，どう感じるか？　心の美しさと星空の美しさの同じところは，どんなところだろうか？【教材とは異なる対象・相手・方法・時などに対する判断を問う】 ・どちらもキラキラしている。心も，星もキラキラ。 ・どちらも見て，すてきだなあって思う。あこがれる。 ・見ていて，感動する。	◆展開後段で，自然の美しさと対比することができるように，星空の写真や映像などを見せる。
☆学習問題「「美しさ」には，どんなものがあるか？」について，どんなことを考えたか？ ・美しさに，心の美しさもある。心もキラキラしている。 ・ステキな心をもつ人になりたいな。 ・自分のまわりにたくさんの美しさがある。たとえば……。 ・これからも，たくさん見つけていきたいな。	◆本時の学習問題に対する納得解をもつことができるようにする。

(2) 児童に対する評価

○学習問題「「美しさ」には，どんなものがあるか？」に対し，自己の生き方についての考えを深めることができたか。

○中心的な発問「このお話に，どんな「美しさ」があったか？」に対して，多面的・多角的に考えることができたか。

(3) 授業に対する評価

○学習問題，中心的な発問，追発問などの学習指導過程は，さまざまな場面で美しいものを見極める道徳的判断力を育むという指導の意図にかなっていたか。

4　小学校中学年　礼儀

主題名

礼儀に必要なこと（B-(8) 礼儀）

教材名

フィンガーボール（日本文教出版『生きる力4』）

主題設定の理由

(1) 道徳的価値について

礼儀〔第3学年及び第4学年〕 　礼儀の大切さを知り，誰に対しても**真心をもって接する**こと。（太字は筆者）

(2) 教材の読み方について

　ある国のパーティーに招待されたお客さまが間違ってフィンガーボールの水を飲んでしまい，主催者の女王さまもフィンガーボールのなかの水を飲んでしまうという話である。

「礼儀は，相手の人格を尊重し，相手に対して敬愛する気持ちを具体的に示すことであり，**心と形が一体**となって表れてこそ，そのよさが認められる」（『小学校解説』）（太字は筆者）。

　この教材では，女王さまがフィンガーボールの水を飲むことは，マナーや礼儀作法の一般的な「**形**」には反しているにもかかわらず，「**相手の人格を尊重**」するという「**真心**」を優先したという「礼儀」の逆説をとらえることができる。つまり，この教材では，形だけの礼儀と，形としては礼儀に反していても真心を表現している礼儀の対立が描かれており，「③価値葛藤型（ひとつの道徳的価値）」の教材類型とみなすことができる。

①「礼儀」の成立条件をとらえる（**B：複数の価値観の重みの違いを読み解く**）

　教材類型③をふまえ，「礼儀」の成立条件の観点から教材を読むと，以下の対

比が可能である。

価値観A	価値観B
フィンガーボールの水を飲むことは礼儀に反している。	お客さまに恥をかかせず，お客さまの**人格を尊重**し，お客さまへの**敬愛**の気持ちを態度で示し，恥をかかせないようにすることこそ，真の礼儀である。

②礼儀作法の例外を問う（⑩**価値理解の妥当性の範囲・限度，例外（反例）**）

以上のように「**価値観の重みの違い**」をとらえつつも，児童の反応としては，「フィンガーボールの水を飲むことは礼儀に反している」という考え方が主流になることも予想される。その場合，「真の礼儀とは**心と形が一体**になったものである」という方向に無理矢理もっていこうとするのではなく，「相手の人格を尊重するためには，礼儀作法に反することも許される」（礼儀作法の**例外**）という価値判断に到達する可能性も考慮しておく。つまり，特定の価値理解に誘導するよりも，児童の反応に応じて**柔軟**に授業を展開できるように工夫したい。

ねらい

フィンガーボールの水を飲むことの是非を話し合い，「礼儀」の成立条件を考えることをとおして，さまざまな場面で「礼儀」に必要なことを見極める道徳的判断力を育む。

学習指導過程

(1) 展開

○発問　☆学習問題　◎中心的な発問　◇追発問 予想される児童の意識・引き出したい価値観	◆指導上の留意点
○どんな場面で礼儀が必要か？ ・学校での挨拶。 ・目上の人にお礼を言う。 ・図書館で静かにする。 ・食事のときの食べ方。	◆礼儀正しさを求められる場面や経験を想起し，本時の学習問題を設定する。
☆学習問題：「礼儀」には何が必要なのだろう？【価値の成立条件】	
範読 ○学習問題に対して考えたことは何か？ ・女王さまがしたことは礼儀だったのか？ ・礼儀とは，どのようにすればよいの？	◆「礼儀」の成立条件を学習問題とすることで，礼儀の心と形を追求していく。
◎フィンガーボールを使い方どおりに使うのと，水を飲むのとでは，どちらがよいことだと思うか？【価値判断】 A：フィンガーボールを使い方どおりに使うほうがよい。 ・フィンガーボールの水は飲むものではない。 ・マナー，礼儀だから。 B：フィンガーボールの水を飲むほうがよい。 ・お客さまに恥をかかせないためだから（敬意，慎み）。 ・大切な相手だから（気配り）。	◆価値判断を中心的な発問とすることで，「礼儀」の心と形について，多様な考えを引き出す。
◇女王さまが自分と同じようにフィンガーボールの水を飲んでしまったのを見て，お客さまはどう思ったか？【立場変更】 ・自分の失敗を助けてくれて，ほっとした。 ・女王さまはなんてやさしい人なのだろう。	◆立場の変更を追発問することで，マナーを曲げてまで，自分の失態をカバーしようとしてくれた女王さまのあたたかさに気づくことができるようにする。

☆「礼儀」には何が必要なのだろう？ (形)・しっかりと行うこと。 ・使い方や礼儀を正しくすること。 (心)・相手のことを考えること。 ・相手に合わせて，敬意を表す。	◆「礼儀」に必要なものを発問することで抽象化した考えを生み出すことができるようにする。 ◆学習問題に対し，心と形が一体となって「礼儀」として表れることを板書する。
◇最初にあげた場面で礼儀を行うとき，必要なことは何か？【教材とは異なる対象・相手・方法・時などに対する判断を問う】 ・挨拶をするときに，ただ言うのではなく，状況を見て，どれくらいの声の大きさで言うのかを考える。 ・礼儀は行動だけでなく，心が大事。お礼を言うとき，しっかりと心を込めて言う。 ・行儀よくするだけでなく，人のことを考えて，困らせないで喜ぶ行動をする。	◆教材とは異なる対象・相手・方法・時などに対する判断を問うことで，自分の生活に引き寄せて考え，再特殊化を図る。

(2) 児童に対する評価

○学習問題「「礼儀」には何が必要なのだろう？」に対し，自己の生き方についての考えを深めることができたか。

○中心的な発問「フィンガーボールを使い方どおりに使うのと，水を飲むのとでは，どちらがよいことだと思うか？」に対して，多面的・多角的に考えることができたか。

(3) 授業に対する評価

○学習問題，中心的な発問，追発問などの学習指導過程は，さまざまな場面で「礼儀」に必要なことを見極める道徳的判断力を育むという指導の意図にかなっていたか。

授業記録

T：フィンガーボールを使い方どおりに使うのと，水を飲むのとでは，どち

らがよいことだと思う？

C：フィンガーボールの水を飲んだのは，お客さまがかわいそうだと思ったから。

C：もしわたしが間違えて飲んでいたら恥ずかしいと思う。いつもだったら，フィンガーボールの水で手を洗うのが正しいけれど，今回は，これでよかったと思う。

C：なるほど。たしかに，たしかに。時によって違うんだ！？

C：もし，お客さんにいやな思いをさせてしまったらパーティーが台無しになってしまう。

C：でも，使い方は合っていないよ。礼儀正しくはない気がする。

C：礼儀正しくはないかもしれないけれど，女王さまはお客さんを助けている感じだからよいことでもある。

T：女王さまが自分と同じようにフィンガーボールの水を飲んだのを見て，お客さまはどう思ったと思う？

C：安心したと思う。自分の失敗を助けてくれた。

C：女王さまは，なんて心やさしいんだろう。これからも仲よくしたいなって思った。

C：フィンガーボールの使い方を間違ってでも，自分のことを助けてくれた。

T：最初にあげた場面で礼儀を行うときに必要なことって何だろう？　ただ姿勢をよくしたらいいのかな？　お礼って，ただ言えばいいのかな？　ものの使い方が正しければいいの？

C：食べ方やマナー，全部正しくなければいけない。

C：でも，女王さまはそうではなかったよ？　マナーって，何だろう？

C：人を助けるのは礼儀のひとつかも。相手がうれしくなるようなことが礼儀なんじゃないかな。

C：人が行儀悪いって思わないようにすること。人がいやな思いをしないようにすること。どちらも大事だと思う。

C：自分が礼儀正しいと思っていても，相手はそう思っていないかもしれない。相手にどう思われるかが大事だと思った。

C：相手がどう思うかだから，礼儀正しくないのは悪いことかもしれないけれ

ど，相手を助けることはよいことなんだと思う。

C：自分だけの礼儀ではなくて，相手に合わせることも礼儀なんじゃないかな。

T：なるほど。「礼儀」には，何が必要なのかな？

C：礼儀は，時と場合によって変わる。時と場合に合わせた礼儀が必要だと思う。

C：姿勢をよくしたり，食べ方のマナーを守ったりすることももちろん大事なんだけれど，人を喜ばせることが礼儀には必要なんだと思った。

C 「礼儀」は，行動だけでなく，心が必要なんだよ。

板書例

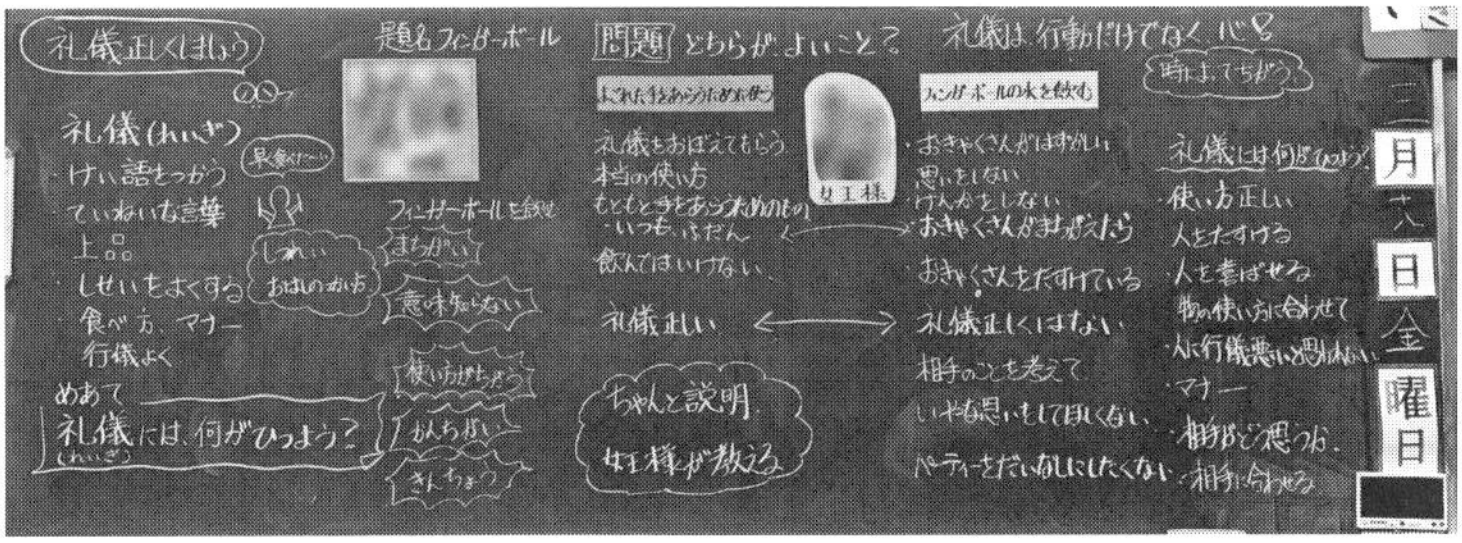

児童の学習感想

・礼儀が正しいこと，マナーも大事だけれど，時によっては人を助けることや喜ばせることが大事だと思った。

・礼儀に必要なのは，相手のために思ってやることと，ルールを守ることだと思う。礼儀には，どちらも必要なんじゃないかな，と思った。

・女王さまが，お客さまを助けるためにフィンガーボールの水を飲んだことは，礼儀になっていると思う。礼儀には，人を喜ばせる，助ける，行儀よくということがすべて必要だと思った。

・礼儀正しくしないと，相手をいやな気持ちにしてしまう。だから，礼儀を正し

くする。礼儀正しくすることで，相手も自分もスッキリする。それが礼儀正しいということだと思う。「礼儀」は，行動だけでなく心が必要なのだと思った。
・礼儀というのは，その時や状況によって必要なことも変わると思った。挨拶やお辞儀や言葉も，状況に合っていることが大事だと思った。

授業を終えて

中心的な発問「フィンガーボールを使い方どおりに使うのと，水を飲むのとでは，どちらがよいことだと思う？」に対し，「フィンガーボールを使い方どおりに使う」「フィンガーボールの水を飲む」から選択し，話し合った。「もしわたしが間違えて飲んでいたら恥ずかしいと思う」と相手の立場に立って考える姿や「水で手を洗うのが正しいけれど，今回は，これでよかったと思う」や「（もし，女王さまが汚れた手を洗っていたら）パーティーが台無しになってしまう」など，時や状況に合わせた礼儀の必要性を考える姿がみられた。「フィンガーボールの水を飲むことは礼儀に反しているのではないか？」という考えをもとに話し合っている姿がみられたので，児童の反応に応じて柔軟に授業を展開していった。

「最初にあげた場面で礼儀を行うときに必要なことって何だろう？　ただ姿勢をよくしたらいいのかな？　お礼って，ただ言えばいいのかな？　ものの使い方が正しければいいの？」と，導入の「どんな場面で礼儀が必要か？」で想起した場面，すなわち，教材とは異なる対象・相手・方法・時などについて，教材から考えたことに照らして考えた。「人を助けるのは礼儀のひとつかも。相手がうれしくなるようなことが「礼儀」だと思う」や「相手がどう思うかだから，礼儀正しくないのは悪いことかもしれないけれど，相手を助けることはよいこと」など，「礼儀」の意味，成立条件を抽象化して考えることができた。

「「礼儀」に必要なのは，相手のために思ってやることと，ルールを守ることだと思う」というような真の礼儀とは心と形が一体になったものであると考えた記述，「礼儀が正しいこと，マナーも大事だけれど，時によっては人を助けることや喜ばせることが大事だと思った」というような礼儀作法の例外を考えた

記述，「「礼儀」というのは，その時や状況によって必要なことも変わると思った。挨拶やお辞儀や言葉も，状況に合っていることが大事だと思った」というように異なる対象・相手・方法・時など（時処位）に応じた判断の必要性を描いた記述がみられた。教材から考えたことを，教材とは異なる対象・相手・方法・時などに照らして考えたことにより，一般的な価値理解を個別の状況下に適用し，質的拡充（再特殊化）を図った結果ととらえられる。

5　小学校中学年　友情，信頼

主題名

よい友達（B-(9) 友情，信頼）

教材名

泣いた赤おに（学研『新・みんなの道徳4』）

主題設定の理由

(1) 道徳的価値について

> 友情，信頼〔第3学年及び第4学年〕
> 　友達と互いに理解し，信頼し，**助け合う**こと。（太字は筆者）

(2) 教材の読み方について

人間と友達になりたい赤鬼のために，青鬼がわざと悪役になって赤鬼に自分を退治させて赤鬼の評判を上げるが，青鬼は，赤鬼との関係を気づかれないようにするために赤鬼のもとを去っていく話である。

「友情」の要素として「助け合う」ことがあるように，互いに相手のことを思いやる必要がある。それゆえ，相手のことを思うことが一方通行であるなら，真の友情ではないととらえることができる。

①一方的な献身と双方向の友情の違いをとらえる（B：複数の価値観の重みの違いを読み解く）

この教材では，青鬼による一方的な献身が描かれているが，そのことによって間接的に双方向の友情との対立が描かれており，それゆえ，「③価値葛藤型（ひとつの道徳的価値）」の教材類型とみなすことができる。

教材類型③をふまえ，「友情」について「**B：複数の価値観の重みの違いを読み解く**」と，以下の対比が可能である。

価値観A	価値観B
友達である赤鬼のために自分を犠牲にした青鬼。相手を思うことは友情の表れである。	友情とは「**協力**し，**助け合う**」ことであり，一方通行であるべきではない。しかし，赤鬼は青鬼から一方的に恩恵を受けている。

②3種類の友情をとらえる（**B：複数の価値観の重みの違いを読み解く**）

上記①とは別の視点で「**B：複数の価値観の重みの違いを読み解く**」と，「赤鬼は青鬼から助けてもらっているから，よい友達」というとらえが可能である一方で，「赤鬼は友達である青鬼を利用している」ととらえることもできる。アリストテレス（2016）は，お互いの善を思い合う「徳の友」，お互いを利用し合う「有用性の友」，お互いが一緒にいて楽しいだけの「快楽の友」の3種類の友情（友愛）に分けている。「赤鬼は友達である青鬼を利用している」場合，青鬼は赤鬼にとって「有用性の友」だといえる。

また，「青鬼のような行為は自己犠牲的である」「青鬼がしてくれたようにされたら，自分が赤鬼だったら負い目（負担）を感じる」という考え方も出てくるかもしれない。これは，「お互いに負担をかけず，一緒にいて楽なのが友達」という考え方であり，アリストテレスがいう「快楽の友」に近いといえる。

価値観A	価値観B	価値観C
徳の友：お互いのため（善）を思い合う友達	**有用性の友**：お互いに役に立つ友達	**快楽の友**：お互いに一緒にいて楽しい・楽な友達

「徳の友」「有用性の友」「快楽の友」といった，友情についての多面的な考え方を引き出すために，「あなたが青鬼だったら，同じことをする？」「あなたが赤鬼だったら，同じようにされたい？」というように，赤鬼と青鬼の間で**立場変更**を行うとともに，赤鬼と青鬼のそれぞれの行為に対する賛否を問うために，**マトリクス図**を用いる。

③「お互いに負担にならない友達はよい友達か」を考える（⑫**教材とは異なる対象・相手・方法・時などに対する判断を問う**）

上記②のようにマトリクス図を活用すると，友情についての多面的な考え方が引き出せる。それゆえ，児童の反応に応じて，多様な追発問を準備しておきたい。たとえば，「自分は友達のことを思って行動する。しかし，赤鬼は青鬼を利用しているので，赤鬼がされたようにはされたくない」という考え方が出てきたら，「友達を利用することは悪いことなのか？」という追発問をすることができる。

「青鬼のような行為は自己犠牲的である」「青鬼がしてくれたようにされたら，自分が赤鬼だったら負い目（負担）を感じる」という考え方が出てきた場合，「では，お互いに負担を感じさせない友達はよい友達なのか？」を考えさせたい。そこで，たとえば「一緒にオンラインで楽しむ気軽な友達はよい関係とはいえないのか？」と追発問することをとおして，「快楽の友」と「徳の友」を対比して考えられるようにしたい。

ねらい

「自分が青鬼だったら，赤鬼のために同じことをするか？」「自分が赤鬼だったら，青鬼がしたようにされたいか？」を話し合い，よい友達関係とはどんな関係かを考えることをとおして，さまざまな場面でよい友達関係のあり方を見極める道徳的判断力を養う。

学習指導過程

(1) 展開

○発問　☆学習問題　◎中心的な発問　◇追発問 予想される児童の意識・引き出したい価値観	◆指導上の留意点
○友達とはどんな関係のことをいうのだろう？ ・よく遊ぶ関係。 ・よく話す関係。	◆友達とはどんな関係かと投げかけ，本時の学習問題を設定する。
☆学習問題：よい友達って，どんな関係？【価値の意味，成立条件】	
範読 ○学習問題に対して考えたことは何か？ ・赤鬼と青鬼は，よい友達といえるのだろうか。 ・よい友達って，どんな関係のことなのだろう？	◆児童の教材の受け止めから学習問題と教材とのつながりを見いだし，中心的な発問を生み出す。
◎あなたが青鬼だったら，赤鬼のために同じことをするか？　また，あなたが赤鬼だったら，青鬼がしたようにされたいか？【価値判断】 A：青鬼のようにする。赤鬼のようにされたい。 C：青鬼のようにしない。赤鬼のようにされたい。 B：青鬼のようにする。赤鬼のようにはされたくない。 D：青鬼のようにしない。赤鬼のようにはされたくない。	◆2軸4象限にネームプレートを貼り，赤鬼と青鬼両方の立場から考えることができるようにする。
A：友達のことを思ってする。また，相手からされるのもうれしい。 B1：自分は友達のことを思って行動する。しかし，自分がされると，相手に自己犠牲（負担）を強いており，相手に悪い。 B2：自分は友達のことを思って行動する。しかし，赤鬼は青鬼を利用しているので，赤鬼がされたようにはされたくない。	◆B2に対しては，「友達を利用する関係は，よい友達関係とはいえないのか？」と投げかけ，揺さぶる。 ◆B1，C，Dに対しては，「友達のために自分を犠牲にする関係は，よい友達関係とはいえないのか？」と投げかけ，揺さぶる。

C：自分は青鬼みたいに自分を犠牲にできない。しかし，自分のことを思ってここまでしてくれるのはうれしい。 D：友達のために自分を犠牲にするのはよい友達とはいえない。相手もここまでされると負い目を感じる。 ◇このふたりの関係をよい友達だと思うか？ ・よい友達だと思う。 ・よい友達だと思わない。	
◇お互いに負担にならない友達がよい関係なのか？【教材とは異なる対象・相手・方法・時などに対する判断を問う】	◆「たとえば，一緒にオンラインで楽しむ気軽な友達はよい関係とはいえないのか？」などと教材とは異なる対象を例にあげ，判断を問う。
☆「よい友達って，どんな関係？」に対し，どんなことを考えたか？	◆本時の問題に対する納得解をもつことができるようにする。

(2) 児童に対する評価

○学習問題「よい友達って，どんな関係？」に対し，自己の生き方についての考えを深めることができたか。

○中心的な発問「あなたが青鬼だったら，赤鬼のために同じことをするか？また，あなたが赤鬼だったら，青鬼がしたようにされたいか？」に対して，多面的・多角的に考えることができたか。

(3) 授業に対する評価

○学習問題，中心的な発問，追発問などの学習指導過程は，よい友達関係の意味，成立条件を見極める道徳的判断力を育むという指導の意図にかなっていたか。

6　小学校中学年　規則の尊重

主題名

マナーの意義（B-(11) 規則の尊重）

教材名

雨のバスていりゅう所で（光村図書『道徳4　きみがいちばんひかるとき』）

主題設定の理由

(1) 道徳的価値について

> 規則の尊重〔第3学年及び第4学年〕
> 　約束や**社会のきまりの意義**を理解し，それらを守ること。（太字は筆者）

(2) 教材の読み方について

ある雨の日，バスの停留所では，バスを待っている人たちが，晴れの日に並ぶ通常の場所ではなく，後方にあるたばこ屋さんの軒下で雨宿りをしながら並んで待っている。主人公のよし子さんは，バスが近づいてくると，たばこ屋さんの軒下に並んでいた順を無視して一番に走って乗ろうとするが，お母さんから引き止められるという話である。

①書かれたきまりを守ることと，書かれていないきまりも守ることの違いをとらえる（B：複数の価値観の重みの違いを読み解く）

この教材では，「バスで横に立っているお母さんの横顔を見て，よし子さんはどんなことを考えていたのだろう？」などと問うことが定番となっている。しかし，そのようによし子さんの心情から迫っていく方法がすべてではない。この教材では，書かれたきまりを守ることと，書かれていないきまりも守ることの対立が描かれている点で，「③価値葛藤型（ひとつの道徳的価値）」の教材類型とみなすことができる。

教材類型③をふまえ，「**B：複数の価値観の重みの違いを読み解く**」と，(1)

書かれている規則と書かれていない公徳（マナー）という対比，また，(2) 書かれたきまりを守っていればよいという考えと，書かれていなくても，「自分が何をすればよいのか」を主体的に考えるという対比が可能である。

	より重みのない価値観A	より重みのある価値観B
1	書かれたきまりを守ればよい。	書かれたきまりだけでなく，「社会生活のなかにおいて守るべき（**明文化されていない**）道徳としての**公徳**を進んで大切にする」。
2	書かれたきまりを守っていればよい。	法などの書かれた規則に従うだけでなく，「自分の思いのままに行動するのではなく，集団や社会のために**自分が何をすればよいのか**」を考える。

②きまりの意義（効用・目的）を問う（**C：道徳的価値の意義（理由，効用・目的）を読み解く**）

そのうえで，では，なぜ書かれていない「公徳」が必要なのかと考えると，「Ⅳ：価値の理由，効用・目的」のうち，とりわけ「効用・目的」を問う必要が出てくる。

教材の記述	価値の理由，効用・目的
バスのていりゅう所では，バスを待つ人たちが，たばこ屋さんののき下で雨宿りをしています。	「法やきまりが，個人や集団が**安全**にかつ**安心**して生活できるようにするためにあることを理解」する。

ねらい

よし子さんが並んでいる順番を無視したことの是非を話し合い，マナーの目的を考えることをとおして，さまざまなマナーの意義を見極める道徳的判断力を育む。

学習指導過程

(1) 展開

○発問　☆学習問題　◎中心的な発問　◇追発問 予想される児童の意識・引き出したい価値観	◆指導上の留意点
○電車のなかで電話をしている人のことをどう思う？ ・うるさい。迷惑。 ・罰を受ければよい。	◆必ず守る規則を「ルール」，破っても罰を受けるわけではないものを「マナー」ということを伝える。
☆学習問題：マナーは，何のためにあるの？【価値の理由，効用・目的】	
範読 ○心に残ったことは，どんなことか？ ・なんでお母さんは怒っているの？ ・軒下に並ぶのは，守らなければいけないことなのか？	◆価値の効用・目的を学習問題とすることで，なぜ書かれていない「公徳」が必要なのかを考える。
◎よし子さんのしたことをどう思うか？【価値判断】 A：仕方ない。 ・悪いことはしていない。 ・悪いと知らなかったから。 ・決まったルールはない。 B：よくない。 ・順番を守っていない。	◆価値判断を中心的な発問とすることで，ルールやマナーについて，多様な考えを引き出す。
◇なぜ，お母さんは，こわい顔をしているの？【立場変更】 ・最初から並んでいたことをわかっていたから。 ・世の中にはマナーがあることを知ってほしかったから。	◆立場の変更を追発問し，母親の態度の理由を考えることで，よし子さんが順番を守らなかったことの重大さを明らかにする。

◇何のために書かれているきまりではないマナーを守るのか？【効用・目的】 ・最初に並んでいたことが無駄になり，不公平になるから。 ・いやな気持ちになる人がいるから。 ・みんながいい気持ちで生活するためにある。 ・まわりの人への気づかいが必要だから。	◆効用・目的を追発問し，ルールやマナーは，個人や集団が安全にかつ安心して生活できるようにするためにあることを理解できるようにする。
◇ルールやマナーには，ほかにどんなものがあるか？【問題場面の量的拡大（具体例）】 ・学級には，給食を配るときにルールやマナーがある。 ・学校には，廊下は歩くなど多くのルールやマナーがある。 ・社会には，もっと多くのルールやマナーがある。	◆ルールやマナーを学級・学校・社会といった範囲に分けながら板書する。 ◆例や場面で，罰がなければ守らなくてよいのかと投げかける。
☆マナーは何のためにあるのだろう？　マナーがないとどうなる？【効用・目的】 ・人を不快にさせないため。 ・みんなが気持ちよく生活するため。 （◇マナーがないとどうなる？） （・けんかになる。）	◆学習問題に対し，ルールとマナーの効用について，一人ひとりが自分なりの納得解をもてるようにする。

(2) 児童に対する評価

○学習問題「マナーは，何のためにあるの？」に対し，自己の生き方についての考えを深めることができたか。

○中心的な発問「よし子さんのしたことをどう思うか？」に対して，多面的・多角的に考えることができたか。

(3) 授業に対する評価

○学習問題，中心的な発問，追発問などの学習指導過程は，さまざまなマナーの意義を見極める道徳的判断力を育むという指導の意図にかなっていたか。

7　小学校高学年　善悪の判断，自律，自由と責任

主題名

どんな自由を実現するか（A-(1) 善悪の判断，自律，自由と責任）

教材名

うばわれた自由（日本文教出版『生きる力5』）

主題設定の理由

(1) 道徳的価値について

> 善悪の判断，自律，自由と責任〔第5学年及び第6学年〕
> 　**自由を大切**にし，自律的に判断し，責任のある行動をすること。（太字は筆者）

(2) 教材の読み方について

　ジェラール王子が森で狩りをしてはならないというきまりを破り，わがまま放題した結果，最終的に捕らえられる話である。

①「自由」の成立条件（**A：道徳的価値の意味（内包・外延），成立条件を読み解く**）

　この教材では，「放縦」としての自由を体現しているジェラール王子と，本当の自由を体現しているガリューが対比的に描かれている点で，「③価値葛藤型（ひとつの道徳的価値）」の教材類型とみなすことができる。

　教材類型③をふまえ，「自由」という道徳的価値の観点から教材分析を行うと，まず「自由」の成立条件として，以下のように把握できる。

> ○「自由」の成立条件
> ・ひとりの規則違反（わがまま）を許すと，全員に規則違反を許さざるを得なくなる。
> きまりを破ったこと自体ではなく，自分の都合で規則を破ったわがま

まが悪い（放縦）。
⇒「自由」とは，ほかの人の自由と両立するものでなければならない。
そうした把握の仕方以外にも，以下のような把握が可能である。
・ジェラール王子はわがままをすることによって，国を見いだし，国民に迷惑をかけた。
⇒他人に迷惑をかける自由は許されない。
・結果や未来を考えずに痛い目にあった。
⇒結果や未来を熟慮したうえで自由を行使することが必要。
・国民に配慮しなかった。
⇒まわりの人のことを考えたうえで自由を行使することが必要。

ただし，この教材を「規則の尊重」ではなく，「自由」を考える教材としてとらえる場合，「きまりを破ったから悪い」という答えに対しては，「きまりを破るのは自由ではないの？」などと問い返し，「ひとりが破る自由を認めると，全員に認めざるを得なくなる」といった考え方をどうしても引き出しておく必要がある。

②「自由」と「放縦」の違いをとらえる（**B：複数の価値観の重みの違いを読み解く**）

上記①による「自由」の成立条件の把握を前提にしつつ，「**B：複数の価値観の重みの違いを読み解く**」と，以下の対比が可能である。

より重みのない価値観A	より重みのある価値観B
自分勝手な自由（放縦）。	・**自分勝手**ではない自由。 ・他人の自由と**両立**する自由。 ・他者に**迷惑**をかけないという条件での自由。 ・他者に**配慮**したうえでの自由。 ・**結果**や**未来**を考えたうえでの自由。

③実現したい自由のあり方を問う（**⑫教材とは異なる対象・相手・方法・時などに対する判断を問う**）

上記の「自由」の成立条件の理解を自己に適用したうえで，どんな自由を実現していきたいかを考える。

導入で「もっと自由だといいなと思うときってどんなとき？」と問うておく。上記②の学習をとおして「自由」の複数の成立条件を理解させたうえで，「今日の授業の最初に聞いた自由は，本当の自由なのか？　どうしたら本当の自由になるのか？」と問い，導入で考えた自由がその「**成立条件**」を満たすかどうかを考えさせる。そのうえで，「自由」の複数の成立条件をふまえて，児童自身が実現させたい自由はどんな自由なのかを考える。

- ゲームをするのは，ルールを守っているし，他人に迷惑をかけないし，他者に配慮しているし，他人の自由と両立する。
- しかし，結果や未来を考えた自由からすると，ゲームをしないで自由を有効に使いたい。

ねらい

ガリューとジェラールのふたりの考え方の違いを話し合い，「自由」の成立条件を考えることをとおして，どんな自由を実現していくべきかを見極める道徳的判断力を育む。

学習指導過程

(1) 展開

<table>
<tr><th>○発問　☆学習問題　◎中心的な発問　◇追発問
予想される児童の意識・引き出したい価値観</th><th>◆指導上の留意点</th></tr>
<tr><td>○もっと自由だといいなと思うときってどんなとき？
・もっとゲームをしたい。遊びたい。
・もっと寝ていたい。だらだらしたい。</td><td>◆自由に対する場面の量的拡大を図り，のちの追発問で質的拡充を図る。</td></tr>
<tr><td colspan="2">☆学習問題：どんな自由を実現していくか？【価値の意味，成立条件】</td></tr>
<tr><td>範読

○学習問題に対して考えたことは何か？
・ジェラールはわがまま。ガリューが本当の自由。
・本当の自由って何だろう？</td><td></td></tr>
<tr><td>◎ジェラールとガリューの自由に対する考え方にはどんな違いがあるか？【比較】
<table><tr><th>ジェラール</th><th>ガリュー</th></tr><tr><td>何でもありの自由。
自分のことだけの自由。
今のことしか考えていない。</td><td>ルールを守りながらの自由。
みんなのことを考えている自由。
未来のことまで考えている。</td></tr></table></td><td>◆「ジェラールの考える自由とガリューの考える自由」を比較し，分析的に活用することで，「自由と放縦の違い」について，価値観の軽重を明らかにする。</td></tr>
<tr><td>◇なぜ，このきまりを破ってはいけないの？　ひとりくらい破っても影響は少なく自由は実現するのではないか？【価値の意味，成立条件】
・自分勝手。
・きまりがある以上，自分の都合できまりを破ってはいけない。
・ひとりが破る自由を認めると，全員に認めざるを得なくなる。
・まわりのことを考えていない。</td><td>◆きまりを破ったこと自体が悪いのではなく，自分の都合で勝手にきまりを破ることがほかの人の自由と両立しないことをおさえる。</td></tr>
</table>

◇ガリューのいう本当の自由とは，どんな自由なのか？【価値の意味，成立条件】 A：ルールを守ったうえでの自由。 B：他人の自由と両立する自由。 C：まわりに迷惑をかけない自由。 D：まわりの人のことを考えた自由。 E：結果や未来のことまで考えた自由。 F：自由のあり方を考えたほうがよい。	◆自己に近づけて考えることができるように，整理分類し，抽象化する。
◇今日の授業の最初に聞いた自由は，本当の自由なのか？　どうしたら本当の自由になるのか？【教材とは異なる対象・相手・方法・時などに対する判断を問う】 ・だらだらしたいのは，まわりには迷惑をかけていないけれど，自由のあり方を考えたほうがよいとは思う。 ・もっとゲームをしていたいというのは他人の自由を邪魔しない範囲で行えばよい。 ・もっとゲームをしていたいというのは，他人に迷惑をかけないけれど，もっと未来のことを考えた自由を大事にしたい。	◆導入で問うた児童が考える自由の具体例が，授業をとおして考えた「本当の自由」の意味，成立条件から照らして「本当の自由」とよべるかどうかを考える。
☆どんな自由を実現していくか？	◆経験をもとに，本時の学習問題に対する納得解をもつことができるようにする。

(2) 児童に対する評価

○学習問題「どんな自由を実現していくか？」に対し，自己の生き方についての考えを深めることができたか。

○中心的な発問「ジェラールとガリューの自由に対する考え方にはどんな違いがあるか？」に対して，多面的・多角的に考えることができたか。

(3) 授業に対する評価

○学習問題，中心的な発問，追発問などの学習指導過程は，「自由」と「放縦」の違いをとらえ，どんな自由を実現していくかを見極める道徳的判断力を育むという指導の意図にかなっていたか。

8　小学校高学年　相互理解，寛容

主題名

許せる・許せないの決め方（B-(11) 相互理解，寛容）

教材名

ブランコ乗りとピエロ（学研『新・みんなの道徳6』）

主題設定の理由

(1) 道徳的価値について

> 相互理解，寛容〔第5学年及び第6学年〕
> 　自分の考えや意見を相手に伝えるとともに，**謙虚**な心をもち，**広い心**で**自分と異なる意見や立場を尊重**すること。（太字は筆者）

(2) 教材の読み方について

　決められた演技の時間を超えて演技するサムに対して，ピエロや団員は最初理解できない。しかし，ピエロは，サムの芸に対する真摯な思いや姿を目の当たりにすることによって，サムを許し，相互理解に至るという話である。

①「相互理解，寛容」の意味と成立条件を**「中庸」**の視点からとらえる（**A：道徳的価値の意味（内包・外延），成立条件を読み解く**）

　この教材では，サムの規則違反をピエロが許す姿が描かれており，「規則の尊重」と「寛容」の対立がみられるため，教材類型の「④価値葛藤型（複数の道徳的価値）」とみなすことができる。「寛容」と「規則の尊重」との関係を考慮する際には，「許すべきではないことはどこまでも許さない」（村上 1983）ことが重要である。それゆえ，「寛大な心をもって他人の過ちを許す」（『小学校解説』）といっても，他人が何をしても安易に許すべきだということではない。また，相互理解が大切といっても，自分の考えをもたず，安易に他者に迎合することはたんなる妥協にすぎない。そう考えると，「相互理解，寛容」という道徳的価値については，「相互

理解」と「寛容」のそれぞれについて，以下で示す3つの価値観の対比を行うことができる。そして，「相互理解」と「寛容」のそれぞれについて，アリストテレス（2015）がいう「**中庸**」に対応するのは，以下の価値観Bであるととらえられる。

「相互理解」については，①他人の意見をなんでも受け入れる「**迎合**」，②自分の意見をもちながら（**自己尊重**），素直に相手の意見を聞き，相手の立場になって考える「**相互尊重，相互理解**」，③自分とは異なる意見をいっさい受け入れない「**独断**」を対比できる。

「寛容」については，①どんな過ちでも安易に許してしまう「**偽りの寛容**」，②自分も過ちを犯し得る存在であると自覚している「**謙虚**」，よって，「過ちを許す」といっても，「許すべきではないことはどこまでも許さない」という「非寛容を通してあえて寛容の心をもつ」「**真の寛容**」（村上 1983），③自分は絶対に正しく，どんな過ちも絶対に許さない「**徳の騎士**」を対比ができる。

	価値観A	価値観B（**中庸**）	価値観C
相互理解	他人の意見を無批判に安易に受け入れる（**迎合**）。	・「自他ともにかけがえのない人格主体」（村上 1983）であるから，自分の考えもしっかりもつべきである（自己尊重）。 ・しかし，同時に，「相手の意見を素直に聞き，なぜそのような考え方をするのかを，相手の立場に立って考える態度を育てる」。「自分とは異なる意見や立場を尊重する」（**相互尊重，相互理解**）。	「他人の失敗や過ちを一方的に非難したり，自分と異なる意見や立場を受け入れようとしなかったりする」（**独断**）。
寛容	どんな過ちでも安易に許す（**偽りの寛容**）。	「相手の過ちなどに対しても，自分にも同様のことがある」。つまり，自分も過ちを犯し得る存在であると自覚している（**謙虚**）。よって，許すべきでないことはどこまでも許さないが，それでもなお広い心で許す（**真の寛容**）。	過ちは絶対に許すべきではない（「**徳の騎士**」）。

②「相互理解，寛容」の適用を問う（⑩価値理解の妥当性の範囲・限度，例外（反例））

前述した①の価値の意味の把握をもとに，教材ではサムがピエロを許した状況が描かれているが，それに対して，容易には許しがたい状況を提示することによって，許すべきことと許すべきではないことを見極めるための道徳的判断力を養いたい（**質的拡充：再特殊化**）。

ねらい

ピエロがサムを許してよかったかどうかを話し合い，許せる・許せないをどうやって決めるのかを考えることをとおして，許すべきときと許すべきでないときを見極める道徳的判断力を育む。

学習指導過程

(1) 展開

○発問　☆学習問題　◎中心的な発問　◇追発問 予想される児童の意識・引き出したい価値観	◆指導上の留意点
○相手のことを「許せない」って，思うことってある？ ・けんかしたとき。 ・自分と意見が違ったとき。 ・シャープペンシルを盗まれたとき。	◆経験を想起させ，本時の学習問題を設定する。
☆学習問題：許せる・許せないって，どう決めるの？【価値判断】	
範読 ○学習問題に対して考えたことは何か？ ・ピエロとサムの考え方が違う。 ・どうして，ピエロはサムを許せたの？ ・憎む気持ちは，どうしたら消えるのか？	◆児童の教材の受け止めから学習問題と教材とのつながりを見いだし，中心的な発問を生み出す。

◎ピエロは，サムを許してよかったのか？【価値判断】 【よくない】 ・決められた規則の時間を守っていない。 ・サムのわがままを許すことはできない。サーカスがバラバラになってしまう。 ・自分が演技する時間を奪われてしまった。 【よかった】 ・サムが自分の力を振り絞って演技をしている。 ・サムの演技が観客を楽しませている。 〈その他の考え〉 ・許す，許さないではない。自分と相手のいいところを上手に生かしていいサーカスをめざす。	◆価値判断を中心的な発問とすることで，「相互理解，寛容」の意味と成立条件を中庸の視点からとらえる。
◇サムを受け入れられたのは，ピエロにどんな心があったからだろう？【価値の意味，成立条件】 ・相手のすごさや真摯な取り組みを見つける心。 ・相手のよさを理解する心。 ・相手の立場に立って考える心。	◆「寛容」の成立条件を発問することで抽象化した考えを生み出すことができるようにする。
◇最初に聞いたみんなが許せないと思うときと，ピエロがサムを許せたときは何が違うの？　許せる・許せないは，どうやって見分ければよいの？【妥当性の範囲・限度，例外】 ・けんかしているときは，イライラしていてすぐには許すことができない。友達のよいところを見つけたり，思い出したりしたら許すことができるかもしれない。 ・ものを盗まれたら許せない。だめなことはだめ。 ・わざとかどうかによる。 ・結果の重大さによる。	◆導入であげられた経験がなぜ許せなかったのか，妥当性の範囲・限度，例外を考えることで，質的な拡充を図る。 ◆導入で聞いた「許せない理由」とピエロが許せた理由を照らし合わせ，相互に比較させる。 ◆場合によっては，状況の絵などを提示して，具体的な場面をイメージしやすくする。
☆許せる・許せないって，どう決めるの？	◆本時の問題に対する納得解をもつことができるようにする。

(2) 児童に対する評価

○学習問題「許せる・許せないって，どう決めるの？」に対し，自己の生き方についての考えを深めることができたか。

○中心的な発問「ピエロは，サムを許してよかったのか？」に対して，多面的・多角的に考えることができたか。

(3) 授業に対する評価

○学習問題，中心的な発問，追発問などの学習指導過程は，許すべきときと許すべきでないときを見極める道徳的判断力を育むという指導の意図にかなっていたか。

授業記録

T：ピエロは，サムを許してよかったのかな？

C：どちらともいえない。スター気どりはよい。時間を破るのは悪い。

C：時間を破るのは悪い。本気でやるのはよい。スター気どりだとふざけちゃう。

C：どちらかといえばよい。反省しているから。

C：本気でやっていたし，少し反省したから。

C：許してよかった。表では威張っているけど，裏では一生懸命やろうと思っている。

T：時間を破るのは悪いよね。ピエロにはどんな心があったからサムを許せたんだろう？

C：やさしさ。

C：サムが青ざめているのを見て，心配になった。

C：ピエロにはできない技をした。パフォーマンスのあとの姿を見てがんばったんだなと思って。

C：どれだけイライラしていても，時間がたてば許せる。

T：時間がたてば許せるのかな。

C：いや。ずっと寝るまでイライラしちゃう。

T：最初にみんなが許せないときを聞いたよね。みんなはどうしたら許せる？
C：ほかのものを買ってもらったら。
C：倍以上のことをしてくれたら。
C：仕返しをしたら。
C：反省していたら。
T：なるほど。でもさ，ピエロは見返りももらっていないし，仕返しもしていないし，謝ったわけでもないのに許しているのはどうして？　ピエロとみんなは何が違うの？
C：心の広さ。
C：サムがサーカス団のためにがんばっているのがわかったから許せた。
C：サムみたいにピエロも同じことがあったから。昔にピエロもサムみたいなことをした。
C：サムが一番努力していたことを知っていたから許せた。
C：ピエロはリーダーだからやさしくした。
T：もしリーダーだったら，お金を盗られても許せる？
C：許せない。リーダーでも許せないこともある。
T：許せる・許せないは，どうやって見分ければよいの？
C：けんかしているときは，イライラしていてすぐには許すことができない。
C：わざとかどうかによる。結果の重大さによる。
C：友達のよいところを見つけたり，思い出したりしたら許すことができるかもしれない。
C：ものを盗まれたら許せない。だめなことはだめ。
C：自分と同じ気持ちや経験があるかないかの違い。
T：許せる・許せないって，どう決めるの？

板書例

問題

許せる・許せないって，どう決める？

○許せないとき

・友達がいじめられたとき。
・ものを盗られたとき。
・約束を破られたとき。
・ばかにされたとき。

題名 ブランコ乗りとピエロ

◎ピエロは，サムを許してよかったのか？

よくない				よい
5人	0人	11人	3人	1人

○ピエロにはどんな心があったのか？

・やさしさ。
・サムのことを心配になった。
・ピエロにはできない技。一生懸命の姿。
・時間がたてば許せる。

○何が違うの？

・心の広さ。
・がんばっているのがわかったから許せた。
・ピエロも昔サムみたいなことをした。
・ピエロはリーダーだからやさしくした。

考えたこと

・イライラしていると許せない。
・わざとかどうか。
・結果の重大さ。
・友達のよいところを思い出したら許すことができる。
・だめなことはだめなときもある。
・自分と同じ気持ちや経験があるかないかの違い。

児童の学習感想

・サムやピエロみたいに努力している人だったら許せるけれど，努力をしないで勝手に何かをやったりする人は許せない。
・ほとんど許せるけど一回イライラしちゃうとずっとイライラだから許せない。
・心が落ち着いているときは，難なく許せちゃう。だから気分によって変わってくる。
・自分と同じ気持ち（同情）があるかないかの違い。
・自分と同じ気持ち（同情）があればだいたい（ほとんど）許すことができるのだと思う。
・サーカスはみんなでやったほうが楽しくなるしお客さんからも拍手や笑顔をもらえるから許したほうがいいと思う。許さなかったら一生縁が切れてサーカスを進められないから許したほうがいいと思う。

・本人がしっかり反省しているか。反省している気持ちがあるか。
・その失敗を成功に改善していたら。やってしまったことを認めていたら。

授業を終えて

中心的な発問である「ピエロは，サムを許してよかったのか？」に対し，挙手によって人数をスケールに表した。児童一人ひとりが十分に考え，「許してよい・許すのはよくない」の価値判断をし，話し合うなかで葛藤する姿がみられた。「ピエロにはどんな心があったからサムを許せたんだろう？」と，「寛容」の成立条件を発問した際には，サムの立場を考え，相手を受け入れようとするピエロの心情を分析しながら考えていくことができた。

導入での問い「許せないと思うときはどんなときか？」で想起された具体的な場面とつなげて，「みんなはどうしたら許せるのか?」「ピエロとみんなは何が違うのか?」と，妥当性の範囲・限度，例外を考えていった。児童からは，「倍以上のことをしてくれたら」「仕返しをしたら」「反省していたら」などの考えが出た。そこで，教師は「ピエロは見返りももらっていないし，仕返しもしていないし，謝ったわけでもないのに許しているのはどうして？　ピエロとみんなは何が違うの?」と，児童自身の日常生活の場面から，再び教材の場面に戻って問い返した。その問い返しによって，児童自身は，ピエロをとおして学んだ「寛容」についての価値理解と自分の価値観を照らし合わせて考えることができたといえる。

「許せる・許せないって，どう決めるの？」と，学習問題に対して話し合った際には，教材で考えたことと自分の「許せる・許せない」の具体的な場面とをつなげて，「けんかしているときは，イライラしていてすぐには許すことができない」や「友達のよいところを見つけたり，思い出したりしたら許すことができるかもしれない」「自分と同じ気持ちや経験があるかないかの違い」といった納得解が生まれた。これらの考えは，価値理解を個別の状況下に適用し，質的拡充（再特殊化）を図った結果ととらえられる。

9 小学校高学年 よりよい学校生活，集団生活の充実

主題名

「みんな」と「自分」の両立のさせ方（C-(16) よりよい学校生活，集団生活の充実）

教材名

森の絵（学研『新・みんなの道徳5』）

主題設定の理由

(1) 道徳的価値について

> よりよい学校生活，集団生活の充実〔第5学年及び第6学年〕
> 先生や学校の人々を敬愛し，みんなで協力し合ってよりよい学級や学校をつくるとともに，様々な**集団の中での自分の役割を自覚**して集団生活の充実に努めること。（太字は筆者）

(2) 教材の読み方について

えり子は学習発表会の舞台で女王役をやりたいと手をあげたが，多数決でめぐみが女王役を演じることに決まってしまう。えり子は自分よりもめぐみのほうがせりふが上手なことを認め，脇役の八月の精と道具係の担当になったものの，えり子はどこか仕事に身が入らない。しかし，「だれかがやらないと」といって熱心に刺繍係を務めている文男を見て，えり子はみんなのためにがんばるようになるという話である。

①「集団生活の充実」と「個性の伸長」の緊張関係をとらえる（E：教材で描かれている状況の条件を変えてみる（条件変更））

この教材は，えり子がみんなのためにがんばるということの大切さに気づくという変容を描いている点では，「②価値非実現・心理葛藤型」の教材類型とみなすことができる。しかし，以下でみるように，教材に描かれている条件を変

更することで，「集団生活の充実」と「個性の伸長」が対立する「④価値葛藤型（複数の道徳的価値）」の教材類型として活用することもできる。

この教材では，めぐみのほうが自分よりもうまいとえり子が納得できたからこそ，集団のために貢献することを納得して選択することができた。しかし，「もしもしえり子がめぐみより自分のほうがうまいと思っていたとしたら？」というように，「**E：教材で描かれている状況の条件を変える（条件変更）**」ことができる。そのように教材を読むと，集団のなかでの「自分の役割と責任を自覚」するという「**集団生活の充実**」と，「自分らしい生活や生き方」を実現しようとする「**個性の伸長**」が**緊張関係**にあることが理解できる。

集団生活の充実		個性の伸長
集団のなかで「自分の役割と責任を自覚」すること。	vs	「自分のよさを一層生かし更にそれを伸ば」すこと。

人間は集団のなかで生活している以上，「集団に役立っている自分への実感」，集団のなかでの「自分の役割と責任を自覚」（『小学校解説』）することは重要である。しかし，それと同時に，集団のなかで生きる人間は個人でもあり，「一人一人が尊重して生かされ」（『小学校解説』）る必要がある。

すると，集団のなかで自分の役割と責任を果たそうとすることは，個性の発揮や自己実現としばしば緊張関係にあることがわかる。そこで，本時は，「集団生活の充実」と「個性の伸長」の相互の関連をとらえ直し，集団のなかでの役割と個人の自己実現の緊張関係をとらえたうえで，集団のなかでいかに個性を発揮すべきかを見極める道徳的判断力を養いたい。

ねらい

えり子がどう変わったのかを話し合い，どのように「みんな」と「自分」の両方を大事にすればよいのかを考えることをとおして，集団のなかでの役割と個性の発揮をいかに両立させたらよいのかを見極める道徳的判断力を育む。

学習指導過程

(1) 展開

○発問　☆学習問題　◎中心的な発問　◇追発問 予想される児童の意識・引き出したい価値観	◆指導上の留意点
○みんな一緒にすることと個性って，どちらを大事すればよいと思う？	◆どちらか一方が大事といえないことを確認し，本時の学習問題を設定する。
☆学習問題：どう「みんな」と「自分」を大事にすればよいだろう？【価値判断】	
範読 ○学習問題に対して考えたことは何か？ ・意見を出して，協力する。 ・えり子はやる気になってえらい。	◆児童の教材の受け止めから学習問題と教材とのつながりを見いだし，中心的な発問を生み出す。
◎えり子は，どう変わったの？【変容】	
・「女王の役やりたかった。森の絵なんて……」という気持ちから「だれかがやらないと劇にならない」という気持ちに変わった。 ・自分のことだけ→みんなのためにがんばる。	
◇なぜ，自分から女王役を譲ったり，道具役を選んだりしたのに，やる気になれなかったのだろう？ ・やりたい役になれなかった。自分の力がめぐみに及ばなくてくやしい（やりたいけど，めぐみより得意ではない）。 ・絵は得意だけれど，やりたいわけではない（得意だけれど，やりたくはない）。	◆「やりたい⇔やりたくない」「得意⇔得意ではない」で，板書する。
◇もしえり子がめぐみより自分のほうがうまいと思っていたとしたら，えり子はどうしたらよかっただろう？【教材で描かれている状況の条件を変える（条件変更）】	◆条件変更を発問することで，「集団生活の充実」と「個性の伸長」の緊張関係をとらえさせる。

（みんな） ・みんなが決めたことだから従う。 ・みんなに従うが，自分の演技の評価についてみんなに聞く。 （自分） ・わたしのほうがうまいと主張する。 ・もう1回挑戦させてもらう。	
◇みんなと一緒にしているときに自分が得意なことを主張するのはわがままかな？【価値理解の妥当性の範囲・限度，例外（反例）】 ・わがまま。みんなの意見に従うべき。 ・わがままではない。自分のほうがうまいと思っているなら，主張してよい。	◆妥当性の範囲・限度，例外を考えることで，質的拡充を図る。 ◆場合によっては，状況の絵などを提示して，具体的な場面をイメージしやすくする。
☆どう「みんな」と「自分」を大事にすればよいだろう？ （みんな） ・みんなが心地よく過ごすためにはがまんも必要。 （自分） ・自分の個性や得意分野を生かして集団に貢献する。	◆学習問題に対する納得解をもつことができるようにする。

(2) 児童に対する評価

○学習問題「どう「みんな」と「自分」を大事にすればよいだろう？」に対し，自己の生き方についての考えを深めることができたか。

○中心的な発問「えり子は，どう変わったの？」に対して，多面的・多角的に考えることができたか。

(3) 授業に対する評価

○学習問題，中心的な発問，追発問などの学習指導過程は，集団のなかでの役割と個性の発揮をいかに両立させたらよいのかを見極める道徳的判断力を育むという指導の意図にかなっていたか。

10　中学校　希望と勇気，克己と強い意志

主題名

才能のつくり方（A-(4) 希望と勇気，克己と強い意志）

教材名

木箱の中の鉛筆たち（廣済堂あかつき『中学生の道徳1　自分を見つめる』）

主題設定の理由

(1) 道徳的価値について

> 希望と勇気，克己と強い意志
> **より高い目標**を設定し，その達成を目指し，**希望**と**勇気**をもち，**困難や失敗を乗り越えて**着実にやり遂げること。（太字は筆者）

自分が最終的に幸福だと思える充実した人生を生きていくうえで，自分の人生のあるべき姿の実現を願う「希望」をもち，「将来に向けて大きな目標を立てる」ことが大切である。また，その希望を達成するには現在の「努力」や「強い意志」が必要である。しかし，「努力がすべて思いどおりの結果に結びつくわけではない」。そのため，失敗や困難に直面したときにそれを乗り越えることを妨げる「阻害条件」や，失敗や困難に直面したときでも努力しようと思えるための「促進条件」を理解しておく必要がある。

(2) 教材の読み方について

もの書きになろうと決心したものの，才能がないとあきらめそうになるカンナさんが，作曲家である父に最初から音楽の才能があったのかをたずねた。父は，本当は肺活量が大きいという理由から軍楽隊員に選ばれたにもかかわらず，それを知らずに自分に才能があると誤解して，結果的に作曲家になった事実をあとから知り，猛烈に勉強するようになったと話した。父は，「才能がないと気づいたら，こうやって才能をつくりなさい」とカンナさんに告げたという話である。

《愛読者カード》

書　名

購入日　　　年　　月　　日

おところ（〒　　　－　　　）

（tel　　－　　－　　）

お名前（フリガナ）

男・女　　　歳

あなたのご職業は？　○印をおつけ下さい

(ア)会社員　(イ)公務員　(ウ)教員　(エ)自営業　(オ)学生　(カ)研究者　(キ)その他

お買い上げ書店名　都道府県名（　　　　　）

書店

本書をお知りになったのは？　○印をおつけ下さい

(ア)新聞・雑誌名（　　　　　　）　(イ)書店　(ウ)人から聞いて
(エ)献本されて　(オ)図書目録　(カ)DM　(キ)当社HP　(ク)インターネット
(ケ)これから出る本　(コ)書店から紹介　(サ)他の本を読んで　(シ)その他

本書をご購入いただいた理由は？　○印をおつけ下さい

(ア)教材　(イ)研究用　(ウ)テーマに関心　(エ)著者に関心
(オ)タイトルが良かった　(カ)装丁が良かった　(キ)書評を見て
(ク)広告を見て　(ケ)その他

本書についてのご意見（表面もご利用下さい）

このカードは今後の出版の参考にさせていただきます。ご記入いただいたご意見は無記名で新聞・ホームページ上で掲載させていただく場合がございます。
お送りいただいた方には当社の出版案内をお送りいたします。

※ご記入いただいた個人情報は、当社が取り扱う商品のご案内、サービス等のご案内および社内資料の作成のみにご利用させていただきます。

郵便はがき

料金受取人払郵便

京都北郵便局承認

6123

差出有効期間
2023年12月
31日まで

切手は不要です。
このままポストへ
お入れ下さい。

603-8789

028

京都市北区紫野
十二坊町十二―八

北大路書房
編集部　行

(今後出版してほしい本などのご意見がありましたら，ご記入下さい。)

①努力の効用を問う（C：道徳的価値の意義（理由，効用・目的）を読み解く）

この教材では，カンナさんが努力の大切さに気づくという変容が描かれている点で，「②価値非実現・心理葛藤型」の教材類型とみなすことができる。

「希望と勇気，克己と強い意志」という道徳的価値については，努力や強い意志というのはそれ自体大切な内在的価値であるよりも，自己実現といった目的（内在的価値）に対する**付随的価値**であるといえる。そこで，以下のように，努力の効用・目的をとらえることがきる。

道徳的価値の効用・目的
努力することで，将来の目標や理想の実現に近づくことができる。

この教材では，自己実現の具体的なあり方が「才能をつくる」こととして表現されている。

②努力の阻害条件と促進条件を問う（D：「人間理解」の視点で読み解く）

努力の効用・目的を把握したうえで，努力の**阻害条件**と**促進条件**については以下のように理解できる。

阻害条件	促進条件
目標の喪失。	自信をもつこと。
目標はある場合にも，失敗と挫折による気力の喪失。 なかなか目標が達成できない不安。 努力しつづけることの苦しさ。	日常的な努力によって小さい目標を達成し，成功体験を積み上げること。 前向きな気持ち。 忍耐力。 計画性。

ねらい

カンナさんはどうして「才能がないと気づいたら，こうやって才能をつくりなさい」という父の発言を信じることができたのかを話し合い，どうやって才能はつくられるか，努力の効用と阻害条件・促進条件を考えることをとおして，努力することの効用（意義）を見極める道徳的判断力を育む。

学習指導過程

(1) 展開

○発問　☆学習問題　◎中心的な発問　◇追発問 予想される生徒の意識・引き出したい価値観	◆指導上の留意点
○「才能」について，どんなことをイメージする？ ・自分にはない。 ・自分にはどんな才能があるかわからない。	◆「才能」という言葉のイメージを問うことで，本時の学習問題を設定する。
☆学習問題：どうやって，「才能」はつくられるのだろう？【価値の理由，効用・目的】	
範読 ○学習問題に対して考えたことは何か？ ・「才能がないと気づいたら，こうやって才能をつくりなさい」という言葉が心に残った。 ・本当に才能ってつくることができるの？ ・そうはいっても……。	◆「才能」がつくられる条件を考えることで努力の効用や目的を追求していく。
◎カンナさんはどうして「才能がないと気づいたら，こうやって才能をつくりなさい」という父の発言を信じることができたのだろう？【価値の理由，効用・目的】	◆教材に描かれる言葉を中心的な発問にして，努力を信じることができた理由を考える。
・天才だと思っていた父が，努力していたことを知ったから。父の実際の体験は重いから。 ・夢を実現したいから。 ・あきらめたくないから。 ・自分の可能性を信じたいから。	
◇この父の発言を信じる場合と信じない場合で，その後の未来はどう変わってくるだろう？【効用（成長・変化）・目的を比較】 A：信じない場合。 ・やめてしまう。 ・惰性でやる。 ・夢や目標を実現できない。	◆父の発言を信じる場合と信じない場合の未来を想像させることで，努力の効用について考える。

B：信じる場合。 ・実力がつく。 ・夢や目標に近づける。 ・積極的な気持ちになれる。	
◇努力を挫くものは何だろう？【阻害条件】 ・目標の喪失や変化。 ・目標はある場合にも，失敗と挫折による気力の喪失。 ・なかなか目標が達成できない不安。 ・努力しつづけることの苦しさ。 ・他人の才能を見せつけられる。	◆努力の阻害条件を問うことで，努力することのむずかしさをとらえさせる。
◇努力できるために，必要な心構えは何だろう？【促進条件】 ・目標をもつこと。 ・自信をもつこと。前向きな気持ち。 ・日常的な努力によって小さい目標を達成し，成功体験を積み上げること。 ・忍耐力。 ・計画性。	◆努力の促進条件を発問することで，努力したいという実践意欲を育む。
☆どうやって，「才能」はつくられるのだろう？	◆本時の学習問題に対する納得解をもつことができるようにする。

(2) 生徒に対する評価

○学習問題「どうやって，「才能」はつくられるのだろう？」に対し，人間としての生き方についての考えを深めることができたか。

○中心的な発問「カンナさんはどうして「才能がないと気づいたら，こうやって才能をつくりなさい」という父の発言を信じることができたのだろう？」に対して，多面的・多角的に考えることができたか。

(3) 授業に対する評価

○学習問題，中心的な発問，追発問などの学習指導過程は，努力することの効用（意義）を見極める道徳的判断力を育むという指導の意図にかなっていたか。

11　中学校　公正，公平，社会正義

主題名

いじめや差別が起きる理由（C-(11) 公正，公平，社会正義）

教材名

卒業文集最後の二行（学研『新・中学生の道徳　明日への扉3』）

主題設定の理由

(1) 道徳的価値について

> 公正，公平，社会正義
> 　**正義**と**公正**さを重んじ，誰に対しても公平に接し，**差別や偏見のない社会**の実現に努めること。（太字は筆者）

(2) 教材の読み方について

T子の家庭は経済的には貧しく，T子の服は汚い。小学6年生のとき，卒業作文の筆者はT子をいじめるようになる。ある日，筆者は漢字の小テストでT子の解答用紙をカンニングした結果，テストで満点をとり，T子は1問間違いで2位となった。筆者がカンニングをしていなければ，T子が最高得点者となるはずだったが，筆者のまわりの友達はT子が筆者の答案をカンニングしたのではないかとT子を責める。最初筆者は加担しなかったが，のちに筆者も一緒になってT子を責めてしまう。このとき，T子ははじめて泣き叫び，教室を出ていく。筆者は謝ることができないまま卒業式を迎えるという話である。

この教材では，いじめに加担した主人公がそのことを悔やむようになるという変容が描かれている点で，「②価値非実現・心理葛藤型」の教材類型とみなすことができる。そのため，「「卒業文集」の最後の2行を読んで主人公は何を思ったか？」とか「主人公の「大いなる悔い」とは何か？」といった発問から迫ることもできる。しかし，この授業では，「社会正義」「公正」「差別」「偏見」といじめの関係を問うたうえで，いじめを生み出す「偏見」がいかにして生まれ

てくるのかを問うことで，いじめを生み出すメカニズムについて考えさせたい。

①「社会正義」「差別」「偏見」の意味，成立条件をとらえる（A：道徳的価値の意味（内包・外延），成立条件を読み解く）

「社会正義」は，カント（2005）による「完全義務」と「不完全義務」の区別でいえば「**完全義務**」にあたる。

不完全義務	完全義務
その義務を果たすと**功績**があり，ほめられることである。たとえば「思いやり」などが「不完全義務」である。反対にいえば，「不完全義務」はその義務を実行しないことが許容されている。	その義務に違反してはならないという**強制性**を有する。その点では，道徳性が「内面的資質」であるとはいえ，同時に行為として遵守することが望まれる道徳的価値である。

ところで，「正義」は多義的な概念であり，しかもそれらの意味が互いに矛盾する場合もある。

分配的正義	公正，平等
個人の能力や業績に応じて分配することでる（アリストテレス 2015）。つまり，業績や貢献の少ない人には少なく分配する「不平等」はあって当然であり，その「不平等」は「正義」である。	一方，「公正」は「平等」と不可分でもある。その場合の「平等」とは，キリスト教の「**神の前での平等**」や，カントの「理性的存在者」としての**人間の平等な尊厳**を意味する。「平等」の反対語は「**差別**」「**依怙贔屓**《えこひいき》」や「私情による**好悪**」（村上 1989）などである。

この教材で扱う「社会正義」とかかわるのは，アリストテレスがいう「分配的正義」ではなく，右列の「公正」や「平等」である。

いじめは「差別」または「差別意識」と密接にかかわっている。また，「**偏見**は差別を生み，差別は偏見を助長する」（村上 1983）といわれるように，「偏見」と「差別」は相互に影響し合う。「偏見」とは，歴史的社会的に継承されてきた「**とらわれ**」であり，固定化された「**レッテル**」である（村上 1983）。

「差別」とは，「自分たちと違う感じ方や考え方をしている相手や，少数の立場や社会的弱者の人たちに対して，自分たちだけが正しいと主張して**多数派に同調**したり，**優越感**を抱いて偏った接し方をしたりするなど，自分たちの集団を閉じ，**自分たちを守ろう**とする」（島 2020）ことである。

以上をふまえて，「公正，公平，社会正義」の意味，成立条件という観点から教材を読むと，以下のふたつの「反道徳的価値[1]」が読み取れる。

	教材の記述	「反道徳的価値」の意味，成立条件
1	「おめえが98点も取れるわけがねえよ」。	偏見。
2	「私の心のなかの後ろめたさが消え，逆に連中の尻馬に乗る発言をしてしまった」。	多数派が少数派を差別することであり，**優越感**に浸ろうとする卑劣な行為である。

②「ハロー効果」と「ブラック・ライブズ・マター」をもとに，いじめを克服する方法を考える（⑦**知識をふまえて価値理解を深める**）

「何か特にすばらしい特性（見た目など）を持っている人はほかの特性においてもすばらしいだろうという印象を持つバイアス」を「**ハロー効果**」とよぶ。反対に，何かネガティブな特性（見た目など）をもっていると感じられる人はほかの性質においても劣っているだろうという印象をもつ**バイアス**もある。いじめの要因には複数のものがあると考えられるが，この教材でのいじめの理由には，「ハロー効果」の反対，つまり臭くて，汚いT子はほかにも悪いことをするだろうというバイアスがあるといえる。「**ブラック・ライブズ・マター**（Black Lives Matter）」のきっかけとなった事件の背景にも，「黒人だから悪いことをするだろう」というバイアスがあったと考えられる。そこで，この事件の情報を伝えることで，いじめと人種差別が同じ構造をもつことを理解させたい。

1 「反道徳的価値」については，髙宮（2020）をご参照ください。

ねらい

「なぜ，イチノヘさんたちは，T子をいじめたのか？」を話し合い，いじめや差別の成立条件を考えることをとおして，どのようにいじめに立ち向かったらよいかを見極める道徳的判断力を育む。

学習指導過程

(1) 展開

○発問　☆学習問題　◎中心的な発問　◇追発問 予想される生徒の意識・引き出したい価値観	◆指導上の留意点
○いじめって，どういうものか？ ・人を傷つける。いやなことをする。 ・みんなでする。	◆「相手がいじめだと思ったら，いじめ」といういじめの定義を伝える。
☆学習問題：なぜ，いじめや差別は，起きるのか？【(反) 価値の意味，成立条件】	
範読 ○学習問題に対して考えたことは何か？ ・なぜ，イチノヘさんたちは，T子をいじめたのか？ ・「大いなる悔いを与えてくれた」とは，どのような思いなのだろう？ ◎なぜ，イチノヘさんたちは，T子をいじめたのか？【(反) 価値の理由，効用・目的】 ・服装が汚かったから。 ・T子よりちょっとばかり成績がよく，経済的に恵まれていたから。 ・多数派に同調してしまうから。 ・多数派に合わせることで，優越感に浸りたいから。 ・尻馬に乗らないと，自分がやられるというこわさから。	◆「公正，公平，社会正義」は「差別してはならない」という「完全義務」の問題であるため，本時では (反) 価値の意味や成立条件を学習問題とする。

○T子さんはカンニングをしていないのに，なぜ悪童たちは「カンニングしてまで，いい点数をとりたかったのか？」とT子さんに中傷の矢を浴びせたのだろう？

・自分が点数で負けてしまったくやしさ。

・臭くて，汚いT子がいい成績をとれるわけがないという偏見。

・臭くて，汚いT子なら，カンニングもしているだろうというバイアス。

◆「いじめの4層構造」（森田2010）の加害者（いじめる人），被害者（いじめられる人），観衆（はやし立てる人），傍観者（見て見ぬふりをする人）を確認する。

「ハロー効果」（藤田2021）

「ハロー」とは「光輪」，つまり，イエス・キリストのなどの聖人の頭の後方にある光の輪のこと。

「何か特にすばらしい特性（見た目など）を持っている人はほかの特性においてもすばらしいだろうという印象を持つバイアス」。

⇕

反対に，何かネガティブな特性（見た目など）をもっている人はほかの特性においても劣っているだろうという印象をもつバイアスがある。

◆この教材でのいじめの要因である，「ハロー効果」の反対，つまり臭くて，汚いT子はほかにも悪いことをするだろうというバイアスがあるということを伝える。

「ブラック・ライブズ・マター（Black Lives Matter）」

黒人男性を白人警官が捜査過程で死に至らしめた事件をきっかけとして起きた反差別運動。

「黒人の被疑者が捜査過程で命を奪われることがしばしば問題になっています。これは構造的な人種差別の表れであるとして，ブラック・ライブズ・マターは反差別運動として理解されています」（藤田2021）。

つまり，白人にとっては，「黒人だから悪いことをする」というバイアスの表れであると理解することができる。

◆事件の情報を伝えることで，いじめと人種差別が同じ構造をもつことを理解させたい。

◇なぜ人は（弱い者）差別したり，いじめをしたりしてしまうのか？【知識をふまえて価値理解を深める】

◇いじめや差別に立ち向かうために，できることは何だろう？ （内面） ・自分のなかの偏見，バイアスと向き合う。 （行動） ・加害者に注意する。 ・被害者の味方になる。 ・被害者に寄り添う。 ・学級のほかの生徒に相談する。 ・親や先生に相談する。 ・エスカレートする前に，先生に相談する。 ※答えを整理分類する。 【考え方の整理分類からの価値判断】 ☆なぜ，いじめや差別は，起きるのか？	◆直接答えさせる必要はなく，自問させ，ノートに書かせる。

(2) 生徒に対する評価

○学習問題「なぜ，いじめや差別は，起きるのか？」に対し，人間としての生き方についての考えを深めることができたか。

○中心的な発問「なぜ，イチノヘさんたちは，T子をいじめたのか？」に対して，多面的・多角的に考えることができたか。

(3) 授業に対する評価

○学習問題，中心的な発問，追発問などの学習指導過程は，どのようにいじめに立ち向かったらよいかを見極める道徳的判断力を育むという指導の意図にかなっていたか。

12　中学校　国際理解，国際貢献

主題名

世界の人びととの連帯（C-(18) 国際理解，国際貢献）

教材名

海と空：樫野の人々（日本文教出版『あすを生きる2』）

主題設定の理由

(1) 道徳的価値について

> 国際理解，国際貢献
> 　世界の中の日本人としての自覚をもち，他国を尊重し，**国際的視野**に立って，世界の平和と人類の発展に寄与すること。（太字は筆者）

『中学校解説』では，「**日常生活の中で社会連帯**の自覚に基づき，あらゆる時と場所において協働の場を実現していく努力こそ，平和で民主的な国家及び社会を実現する根本であ」るとされている。本時は，異なる国民同士の**国境を越えた連帯**，および日本人として同じ国内に住む**外国人との連帯**はどのように可能かを考えることをとおして，世界の人びととの連帯のあり方について考える。

(2) 教材の読み方について

①「国際的な連帯」の成立条件を問う（I：価値の意味，成立条件）

この教材は，トルコのエルトゥールル号が遭難した際に，樫野の人びとが献身的にトルコ人を救助したことと，その約100年後のイラン・イラク戦争の際にトルコ政府が日本人救援の飛行機を出してくれたことのふたつの人命救助を描いている。教材類型としては「①価値実現型」とみなすことができる。

「海と空」が「水平線で一つになっていた」という記述について，「**A：道徳的価値の意味（内包・外延），成立条件を読み解く**」。

教材の記述	道徳的価値の意味，成立条件
「海と空」が「水平線で一つになっていた」。	・樫野の人びとが，自分たちの食料が十分でないのにトルコ人を救護した（親切）。 ・相手が外国人であろうと分け隔てなく助けた（公平，人類愛）。 ・樫野の人びとの救助に対してトルコ政府が「感謝」し，恩に報いた（報恩）。 ⇒友好関係

②価値理解を異なる状況に適用する（**⑫教材とは異なる対象・相手・方法・時などに対する判断を問う**）

しかし，樫野の人びとの救助は，トルコ人の生命の危機にかかわる**緊急事態**であったがゆえの「親切」「人類愛」であったととらえると，日常的には起こりにくいきわめて特殊な状況であると考えられる。つまり，「**日常生活のなかで社会連帯**の自覚」という記述の「日常生活」からはかなり「**距離**」がある状況であり，生徒自身のこれからの生き方に直接適用しづらい状況であるといえる。そこで，考えてみたいことは，わたしたち日本人が，「日常生活のなかでいかに国際的な視野をもって世界の人びとと連帯したらよいか」という問いである。「日常生活」における国際的な連帯について考えるために，「海と空」の教材で描かれた「**時**」を現代に，「**対象**」を日本に住む在留外国人に変えることで，世界の人びとといかに共生するのかを考えることにする。

ねらい

なぜ日本とトルコは国際的な相互扶助の関係になれたのかを話し合い，世界の人びとともに歩むために自分ができることは何かを考えることをとおして，さまざまな場面で世界の人びととどのように連帯していけばよいのかを見極める道徳的判断力を育む。

学習指導過程

(1) 展開

○発問　☆学習問題　◎中心的な発問　◇追発問 予想される生徒の意識・引き出したい価値観	◆指導上の留意点
○自分たちは世界の人びととともに歩むことはできているだろうか？ A：できている。 B：できていない。	
☆学習問題：世界の人びとともに歩むために，自分ができることとは？【価値判断】	
○学習問題に対して考えたことは何か？	
◎なぜ，日本とトルコは互いに助け合う関係になれたのだろう？【価値の意味，成立条件】 ・樫野の人びとがトルコの人びとをたくさん助けたから。 ・食料がほとんどないなか，ありったけの食料を提供した。 ・樫野の先の丘に手厚く埋葬された。 ・トルコはイラン・イラク戦争のさなか，日本人のイランからの脱出を手伝った。	◆題名の「海と空」には，どんな意味が込められているかを考えながら，読むように声をかける。
のちに駐日トルコ大使のネジアティ・ウトカン氏は次のように語った。「エルトゥールル号の事故に際して，日本人がなしてくださった献身的な救助活動を，今もトルコの人たちは忘れていません。私も小学生の頃，歴史教科書で学びました。トルコでは子どもたちでさえ，エルトゥールル号の事を知っています。今の日本人が知らないだけです。それで，テヘランで困っている日本人を助けようと，トルコ航空機が飛んだのです」(http://www.kushimoto.jp/miryoku/torukokinenkan.html)。	◆のちに語られたその当時のトルコ大使の言葉を伝えることで，抽象化を図る。

◇このように言われて日本人としてどう感じるか？
【価値の意味，成立条件】
・トルコの人たちにありがとうという気持ちになった。
・国と国がつながっていることを知ることって大事だなと思う。知っている人が増えれば，助けたいと思う人も増える。
・トルコの人たちの心に日本が生きているというのがうれしい。

◆救助したことがトルコの人びとに記憶や感謝されていることに対して，日本人としての誇りの感覚を引き出したい。

◇このグラフを見てどんなことを考えるか？

◆外国人増加による影響の認知のグラフを見せ，肯定的な影響のほうが多いものの，否定的な影響を心配する人も少なくないことを理解させる。

調査結果　外国人増加による影響の認知

外国人増加による影響は，否定的な影響よりも肯定的な影響を認知している人が多い。

外国人増加による影響の認知（そう思う・計％）

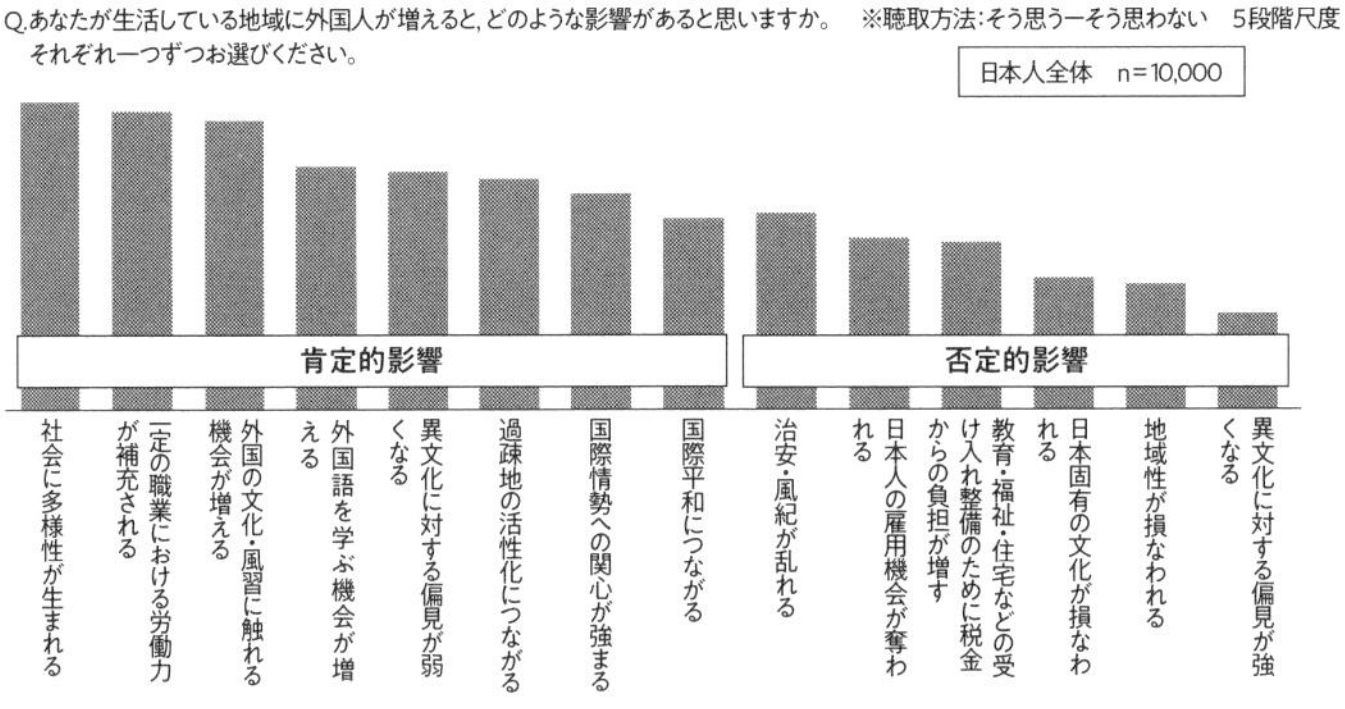

Q.あなたが生活している地域に外国人が増えると，どのような影響があると思いますか。
それぞれ一つずつお選びください。
※聴取方法：そう思う－そう思わない　5段階尺度
日本人全体　n=10,000
肯定的影響
否定的影響
社会に多様性が生まれる
一定の職業における労働力が補充される
外国の文化・風習に触れる機会が増える
外国語を学ぶ機会が増える
異文化に対する偏見が弱くなる
過疎地の活性化につながる
国際情勢への関心が強まる
国際平和につながる
治安・風紀が乱れる
日本人の雇用機会が奪われる
教育・福祉・住宅などの受け入れ整備のための税金からの負担が増す
日本固有の文化が損なわれる
地域性が損なわれる
異文化に対する偏見が強くなる

参考項目：日本版総合的社会調査（2003，JGSS 研究センター）

（出典：パーソル総合研究所「多文化共生意識に関する定量調査」
https://rc.persol-group.co.jp/thinktank/data/multicultural-consciousness.html）

◇「助け合うことが大切」と言っていたが，どうして外国人増加に否定的な影響を懸念している人がいるのか？　世界の人びとと とともに歩むために，自分には何ができるのか？【教材とは異なる対象・相手・方法・時などに対する判断を問う】	◆展開前段で生徒から出た価値観と照らし合わせ，比較できるように問い返す。
☆世界の人びととともに歩むために，自分ができることとは？【価値判断】 ・相手を知ること。世界を知ること。思いを馳せる。 ・外国の人びとも自国を愛しているということを自覚する。 ・見た目で判断せず，思いやりをもって行動する。 ・同じ人間だから平等に接する。	◆「○○する」だけでなく，「○○しない」と答えてもよいことを伝えることで，社会連帯を実現するむずかしさもとらえさせたい。

(2) 生徒に対する評価

○学習問題「世界の人びととともに歩むために，自分ができることとは？」に対し，人間としての生き方についての考えを深めることができたか。

○中心的な発問「なぜ，日本とトルコは互いに助け合う関係になれたのだろう？」に対して，多面的・多角的に考えることができたか。

(3) 授業に対する評価

○学習問題，中心的な発問，追発問などの学習指導過程は，さまざまな場面で世界の人びととどのように連帯していけばよいのかを見極める道徳的判断力を育むという指導の意図にかなっていたか。

授業記録

T：なぜ，日本とトルコは互いに助け合う関係になれたのだろう？
C：国は違っても同じ人間だから。
C：そこにある命を助けることだけしか考えていなかった。
C：互いを知っているってやっぱり大事だなと思った。

C：単純に，目の前に瀕死の状態の人がいることに，人間として何ができるかを考えた。

C：トルコの人たちも，あのとき助けてもらったから。でも，それだけではないと思う。

T：ネジアティ・ウトカン氏の言葉を知って，日本人としてどんなことを感じた？

C：トルコの歴史の教科書に載っているなんて知らなかった。

C：トルコの人たちにありがとうという気持ちになった。

C：国と国がつながっていることを知ることって大事だなと思う。知っている人が増えれば，助けたいと思う人も増える。

C：うれしい。トルコの人たちの心に日本が生きているというのがうれしい。

T：グラフを見てどんなことを考えた？　日本とトルコの助け合う関係に対し，どうして外国人増加に否定的な影響を懸念している人がいるのかな？

C：否定的な意見が多いのはなぜかと思ったけれど，いざ自分がアンケートに答えたら自分も「ちょっとこわいな」とか否定的なことを書いてしまうかもしれないと思った。

C：否定的な意見は現実的な考えから，肯定的な意見は自分から離れた理想的な考えから生まれるのではないかと思った。

C：そう考えると，この話の日本とトルコの関係は理想的な関係なのかもしれない。けれど，現実すべての国とそううまくいっていないことを表しているような気がする。

C：否定的な考えは，なんかこわいな，どんなことが起こってしまうのかという漠然とした不安から。しっかり考えて理解するってことが大事なのではないかと思った。

C：今，日本でエルトゥールル号のような事件が起きたとき，わたしたちは樫野の人たちのような行動がとれるだろうか？　目の前の命を救うことだけに行動できるだろうか？

C：ウクライナからの難民受け入れのニュースを住んでいる自治体のニュースでも見る。自分がそれをできるかというとまったく自信がない。

板書例

問題 世界の人びととともに歩むために，自分ができることとは？ ○世界の人びとと歩むことはできている？ ・できている。 ・できていない。 ウトカン氏のことば	**題名** 海と空：樫野の人々 ◎なぜ，日本とトルコは互いに助け合う関係になれたのだろう？ --- ・国は違っても同じ人間だから。 ・命を救うことだけしか考えていなかった。 ・互いを知っていることが大事。 ・トルコの人たちも，あのとき助けてもらったから。でも，それだけではないと思う。 --- ・国と国がつながっていることを知ることって大事。 ・うれしい。トルコの人たちの心に日本が生きているというのがうれしい。 --- ・自分も否定的なことを書いてしまうかも。 ・自分がそれをできるかというとまったく自信がない。	**考えたこと** ・相手を知ること。世界を知ること。思いを馳せる。 ・外国の人びとも自国を愛していることを自覚して生きる。 ・見た目で判断せず，思いやりをもって行動する。 ・同じ人間だから平等に接する。 グラフ

生徒の学習感想

・相手を知ること。世界を知ること。ニュースとか，新聞とか本とか。思いを馳せること。

・自分は日本人のひとりなのだということをもっと自覚すること。自分が自国を愛するのと同じように，外国の人びとも自国を愛しているということを自覚して生きること。

・自分が今までの経験をどう判断しているのかを客観的に考えることができた気がする。

・国と国との関係は，デメリットに対して寛容な態度をとることは本当にむずかしいことだと思う。そのむずかしさがわかってこそ，「それでも必要な価値観としての国際理解と，その実現のための国際貢献」を考えるスタートラインに立てるのかもしれない。

・見た目で判断せず，思いやりをもって行動する。困っている人を助けて，支え合って生きていく。困っている人を助ければ，外国の人とかかわっていくことができる。みんな同じ人間だから平等に接する。
・外国の人は，言葉も通じないし意思疎通もできないからこわいと思う人もいる。けれど，外国の人とか関係なしに人としてするべきことをしたいなと思った。自分にできることは少ないけれど，相手が外国の人とか関係なく，助け，自分ができることをしたい。

授業を終えて

中心的な発問では，「なぜ，日本とトルコは互いに助け合う関係になれたのだろう？」と，「国際的な連帯」の成立条件を発問した。「国は違っても同じ人間だから」や「命を助けることだけを考えていた」「トルコの人たちも，あのとき助けてもらったから。でも，それだけではないと思う」などの考えが出された。そこで，ひとつめの補助資料として，のちに語られたその当時のトルコ大使の言葉を伝え，日本人としてどのように感じたかを考えていった。「トルコの人たちにありがとうという気持ちになった」や「国と国がつながっていることを知ることって大事だなと思う。知っている人が増えれば，助けたいと思う人も増える」「うれしい。トルコの人たちの心に日本が生きているというのがうれしい」など，生徒は，さらに考えを深め，国際連帯について抽象化した考えをもつことができた。補助資料は，ノンフィクション教材のもつリアリティを生かすことができたと考えられる。

ふたつめの補助資料として外国人増加による影響の認知のグラフを見せ，「グラフを見てどんなことを考えたか？　日本とトルコの助け合う関係に対し，どうして外国人増加に否定的な影響を懸念している人がいるのか？」と，教材とは異なる対象・相手・方法・時を提示し，判断を問うた。「自分がアンケートに答えたら自分も「ちょっとこわいな」とか否定的なことを書いてしまうかもしれない」や「日本とトルコの関係は理想的な関係なのかもしれない。けれど，現実すべての国とそううまくいっていないことを表している」「否定的な考えは，なんかこわいな，どんなことが起こってしまうのかという漠然とした不安

から。しっかり考えて理解するってことが大事なのではないか」「わたしたちは樫野の人たちのような行動がとれるだろうか？　目の前の命を救うことだけに行動できるだろうか？」などの考えが出された。授業者は，グラフを提示した瞬間，生徒の顔つきが変わったのを感じた。生徒は，この補助資料によって，教材「海と空：樫野の人々」の特定条件，特定場面下での価値把握を越えて，自分事として考えることができたと考えられる。

学習問題「世界の人びとともに歩むために，自分にできることとは？」に対し，「見た目で判断せず，思いやりをもって行動する」「同じ人間だから平等に接する」「外国の人びとも自国を愛しているということを自覚して生きる」「相手を知ること。世界を知ること。思いを馳せる」などといった納得解が生まれた。特に，最後の「相手を知ること。世界を知ること。思いを馳せる」という考えは，教材「海と空：樫野の人々」について考えることをとおして抽象化された一般的な価値理解とはいえず，外国人増加による影響に関するグラフを見せたがゆえに出てきた考えだといえる。その点では，教材をとおして学んだ一般的な価値理解を個別の状況下に適用し，質的拡充（再特殊化）を図ったことの一定の成果がみられたといえよう。